CONFÉRENCE SUR LES PIERRES-FIGURES

PAR LE

Docteur PAUL RAYMOND

PARIS

VIGOT FRÈRES, ÉDITEURS

23, PLACE DE L'ÉCOLE DE MÉDECINE, 23

1909

LE DILUVIUM

PAR

A. THIEULLEN

Les bancs diluviens d'Abbeville, disait Boucher de Perthes, *ont été pour moi une mine inépuisable et je pense qu'il doit en être ainsi à peu près partout. C'est tout un monde placé sous nos pieds que nous avons à découvrir.*

Le Maître ne se trompait pas ; partout, en effet, le diluvium des fleuves et des rivières contient avec les débris d'une faune en partie éteinte, les vestiges innombrables de l'industrie humaine et les premières ébauches de l'art aux temps prodigieusement lointains de l'époque paléolithique.

C'est ainsi que le diluvium de la Seine dans le bassin parisien, quoique très imparfaitement exploré, m'a permis de montrer avec pièces à l'appui et de démontrer mathématiquement qu'il recèle par milliards incalculables des silex sur lesquels la main de l'homme paléolithique a laissé sa trace. Les petits graviers eux-mêmes, silex, calcaire (parfois grès et granit) ont subi, en nombre infini, l'intervention humaine, reproduisant le plus souvent les formes identiques des silex taillés de dimension utilisable.

Là encore, dans ce diluvium, j'ai recueilli des pierres naturelles figuratives chez lesquelles l'intention des retouches est tellement évidente qu'il devient impossible de nier plus longtemps la réalité des pierres-figures que présentait Boucher de Perthes et à propos desquelles, par ignorance ou idées préconçues, on accusait le Maître d'hallucination.

Mes études sur les pierres taillées du diluvium m'ont amené à cette conclusion ; à savoir : qu'il est véritablement puéril d'imaginer un critérium unique et absolu du travail intentionnel, et que ce critérium rêvé réside avant tout dans l'intention dont les manifestations varient à l'infini avec le travail effectué.

Une idée non moins baroque est de croire que toute pierre taillée l'a été dans un but déterminé d'utilisation, quand il va de soi que bon nombre de pièces résultent d'idées fantaisistes, voire même d'un travail d'enfant.

J'ai souvent présenté des pièces bien probantes et ne laissant aucun doute sur l'intention de l'ouvrier; mais les préhistoriens des plus qualifiés ne les regardaient pas, prétextant qu'il est impossible de distinguer avec certitude une pierre taillée intentionnellement d'une autre pierre ébréchée accidentellement, si la première ne porte pas tels signes classiques ou ne possède pas telles formes déterminées.

Quand je pense que quelques minutes d'examen auraient suffi à détruire dans leur cerveau cette idée fausse à laquelle ils semblent attachés comme à un fétiche, je me demande si vraiment la préhistoire est une science ou simplement un passe-temps d'amateurs et de collectionneurs.

Il n'y a pas de description qui vaille la vue des objets; un préhistorien m'écrit ces jours derniers :

« J'ai lu vos intéressantes brochures qui m'avaient été confiées par un de mes amis; malgré tout j'avais conservé des préventions ; mais j'ai dû me rendre à la vue de votre collection du Muséum [1]. Elle est absolument convaincante, et l'on ne saurait s'expliquer que par un mauvais vouloir prémédité, des idées préconçues et un aveuglement systématique, la négation d'un fait aussi éclatant, par des savants dont l'esprit devrait être sensible à toute vérité nouvelle. »

A ceux qui consentent à voir et à se renseigner, je viens apporter une fois encore la preuve que l'intention est chose souvent très facile à reconnaître.

J'avais collectionné des silex coniques pour cette raison qu'étant nettement tranchés à leur base, partie la plus résistante, et indemnes à leur sommet plus ou moins fragile, je les considérais comme résultant d'un travail intentionnel, et non comme étant accidentels.

Or en examinant une longue série de ce même type, j'ai pu remarquer que plusieurs de ces cônes n'avaient pas été tranchés du seul coup, mais avaient résisté à une ou deux percussions antérieures dont ils avaient conservé la trace, entailles qui montrent

---

1. Galerie de Géologie (en deux vitrines superposées), terrain quaternaire.

clairement qu'elles ont été produites par un percuteur tranchant et
non contondant ; ce qui prouve, contrairement au dire de M. Rutot,

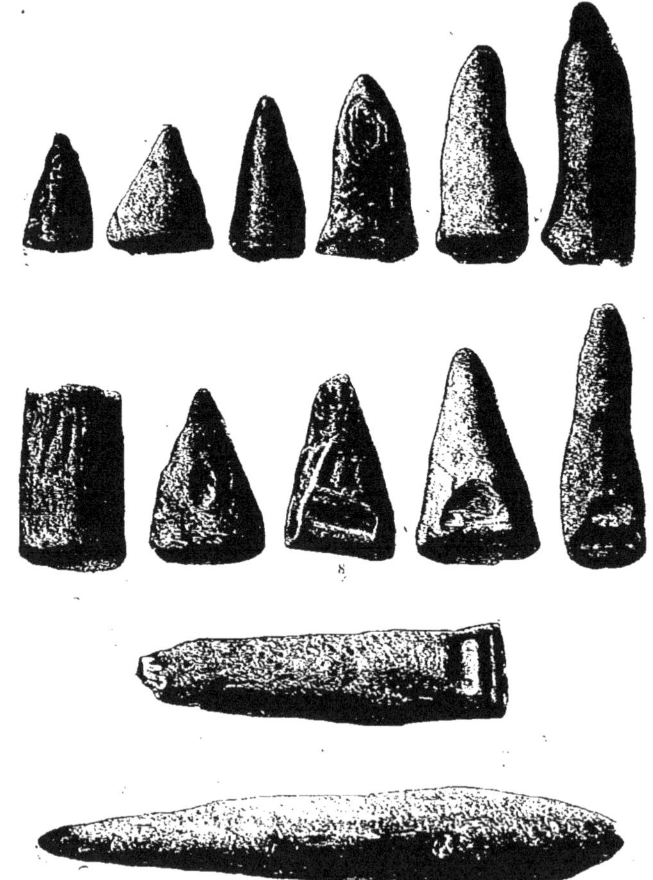

Fig. 1. — 1 à 6, Silex tranchés d'un seul coup à la base ; 7, silex tranchés aux deux
extrémités ; 8 à 11, silex ayant subi plusieurs percussions dont traces ; 13, intact.

que les longues séries d'un même type peuvent avoir leur utilité
particulière.

Plus on examine attentivement et sans prévention les silex du diluvium, plus on arrive à se convaincre que, contrairement à la croyance générale, les chocs ont été sinon l'exception, tout au moins peu fréquents ; ces spécimens en sont un exemple.

Comme toujours, je me dispense de risquer aucune hypothèse quant à l'utilisation de ces cônes, me contentant de remarquer que les petits ressemblent à des quilles et les plus grands à des molettes, les spécimens d'une même forme pouvant avoir des destinations très différentes en raison de leur dimension ; observation que j'ai déjà eu l'occasion de présenter au sujet des silex percés, etc. Dans ma collection ces cônes varient depuis 1 à 40 centimètres de hauteur, et jusqu'à 20 centimètres à la base.

Dûment constatée cette simple remarque de l'intervention incontestable de la main humaine dans le facies de ces cônes est grosse de conséquences en ce qui concerne la reconnaissance plus complète à l'avenir de la taille des silex travaillés par l'homme préhistorique, puisque des éclats enlevés sur des silex et attribués jusqu'alors à des soi-disant chocs accidentels, sont démontrés être réellement le résultat de tailles intentionnelles. Ce n'est là du reste que la confirmation de faits déjà plusieurs fois observés, notamment à propos des silex percés, qui tous ou presque tous, portent des tailles intentionnelles autour du trou toujours conservé intact. Une fois de plus, l'apparence à l'égard de nos sens, aura été le contraire du réel. Silex petits et gros qui, dans le diluvium, nous semblaient avoir été brisés accidentellement, sont, en définitive, le plus souvent, taillés intentionnellement, si grossières les tailles soient-elles ; les silex fissurés, éclatés par le gel, et les silex brisés par chocs sont bien moins nombreux que l'on ne l'a cru jusqu'ici, comme le prouve les belles haches et autres pierres fragiles restées intactes.

C'est une ère nouvelle ouverte à nos recherches et qui va nous permettre d'étendre démesurément nos connaissances, jusqu'alors si restreintes, sur ce qu'étaient l'art et l'industrie des hommes aux temps préhistoriques, tant paléolithiques que néolithiques.

Nos connaissances en préhistoire sont encore si récentes qu'il est à croire qu'elles subiront de nombreuses et profondes modifications avant d'en arriver à une vérité relative, comme il en a été dans toutes les autres sciences ; c'est pourquoi chaque question doit rester ouverte à la critique.

A propos des silex taillés récoltés sur les bords de la mer par M. Romain du Havre, Gabriel de Mortillet écrivait à notre honorable collègue :

Saint-Germain-en-Laye, 17 novembre 1894,

..... Merci de votre envoi, les quatre échantillons de la plage de Villerville ne sont pas taillés par l'homme. Ce sont des pseudo-silex taillés. Les actions atmosphériques, aquatiques et les chocs naturels ont tout fait.

J'en ai gardé deux échantillons dans nos collections comme modèles, et j'ai jeté les deux autres au rebut. Les deux échantillons conservés sont très curieux et instructifs.

Je crois que vous utiliseriez mieux votre temps à chercher ailleurs.....

Or, la question n'est pas résolue comme le déclare l'éminent préhistorien. Je sais que la plage de Dieppe a fourni, dit-on, des pseudo-silex taillés même avec bulbe ; mais jusqu'à plus ample informé, je ne crois pas à des pseudo-silex taillés par les actions atmosphériques, aquatiques et chocs naturels. Voici pourquoi :

Sur le haut des falaises de Folkestone, de Boulogne-sur-Mer et à leur base j'ai ramassé des silex taillés, en tous points semblables à ceux que je récolte dans les ballastières du bassin parisien ; il en est de même des silex que je viens de recevoir de l'un de mes collègues, M. Bertin en villégiature au Crotois (Somme), silex qu'il a ramassés parmi les galets de la plage. Les arêtes en sont plus ou moins vives ou émoussées, selon le temps plus ou moins long durant lequel ils ont été exposés au flux et au reflux des vagues.

Parmi ces silex il en est plusieurs qui sont percés naturellement, mais avec tailles à l'entour des trous toujours restés intacts, observation aujourd'hui banale, tellement elle a été de fois mise en évidence par de nombreux chercheurs, MM. le docteur Ballet, Bertin, Peslerbe, Leroy, Alix, moi-même et tant d'autres.

Or en examinant ces silex percés du Crotois, j'en remarque deux qui sont figuratifs et retouchés intentionnellement, véritables mascarons faisant songer à ces masques grotesques sculptés dans des marrons d'Inde.

Voici l'un d'eux qui est si nettement figuratif qu'un enfant de cinq ans, auquel je le montrais, de s'écrier aussitôt : « Ah ! un monsieur ! »

Le côté figure est très légèrement retouché, le revers a subi deux assez larges tailles autour du trou, ce qui nous autorise à penser ou

plutôt à affirmer que cette figure a été vue et remarquée par l'homme
paléolithique.

Il semble que notre lointain ancêtre ait eu le respect et le culte
des œuvres de la nature ; souvent nous avons remarqué qu'il laissait
intact ou retouchait légèrement tout silex dont le facies naturel lui
rappelait une des formes de son outillage, de même pour les pierres-
figures, minimum de retouches pour accuser l'œuvre de la nature.

Je sais que, pour Gabriel de Mortillet et les préhistoriens de son

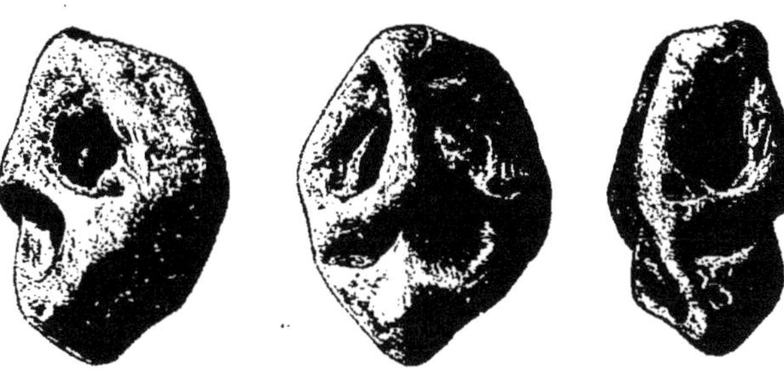

Fig. 2. — Silex naturel (ludus naturæ). Face et les deux profils. Tailles
intentionnelles au revers.

École, mes observations sont négligeables, comme étant, d'après
eux, inspirées par une imagination en délire.

L'éminent vulgarisateur de la Préhistoire, ayant une foi aveugle
dans son infaillibilité, et convaincu que le passé préhistorique n'avait
pas de secret pour lui, n'a jamais voulu admettre qu'on pût reconnaître un silex taillé sans sa permission.

Il rejetait de prime saut et sans examen, tout ce qui ne cadrait
pas avec ses idées préconçues. La lettre à M. Romain, citée plus
haut, nous révèle la mentalité qu'il apportait dans ses jugements.
Il avait hâte de conclure quand même. Combien il différait à cet
égard de l'illustre Pasteur, qui durant ses admirables recherches,
avait pour principe : « Se défier d'une chose : la précipitation dans
« le désir de conclure. Être à soi-même un adversaire vigilant et
« tenace. Songer toujours à se prendre en faute. »

. . . .

J'en suis là de ma rédaction, lorsqu'on m'apporte le *Bulletin de
la Société préhistorique*, novembre 1908 ; j'y jette les yeux et je
lis que M. Hébert a ramassé sur la plage du Havre-Sainte-Adresse
des pseudo-silex taillés qu'il tient à la disposition de ses collègues.

Sans perdre un instant je me rends au domicile de M. Hébert qui, avec la plus grande obligeance, soumet à mon examen les pseudo-silex en question. L'émotion que j'éprouve, en pensant que je vais me trouver en présence d'échantillons qui vont peut-être démentir radicalement mes observations, est bien vite calmée à la vue des pièces elles-mêmes qui ne sont ni des pseudo-silex taillés, ni des éolithes, mais tout simplement, en majorité, des silex et fragments de silex taillés intentionnellement. Quoique sans patine et peu lustrés, ces silex noirs n'en sont pas moins œuvres humaines non récentes mais préhistoriques. Je reconnais parmi eux certaines formes que je ramasse par centaines sinon par milliers d'exemplaires dans les diluviums de la Seine, de la Marne et d'autres rivières, formes que je viens de retrouver chez les silex de la plage du Crotois ; superbe croissant concave cordiforme, nucléus, hache tronquée avec bulbe et écorchure, pierres percées avec tailles, etc., etc. Ces soi-disant pseudo-silex taillés proviennent probablement de la démolition plus ou moins récente de la falaise et on les retrouverait, à coup sûr, en place dans leur gisement, si on les cherchait. La chose importante est de connaître la cause de l'absence de patine chez ces silex noirs. J'ai rencontré quelquefois dans le diluvium des silex taillés, tantôt blonds, tantôt noirs, sans patine, notamment certaine hache de Chelles qui semble avoir été taillée dans un morceau de charbon de bois. Il y a mieux ; dans une communication faite en 1907-1908 à la Société géologique de Normandie, M. A. Dubus du Havre cite, en reproduisant les dessins, une magnifique pointe, noir de jais, recueillie à Sainte-Adresse, et une petite pointe en silex blond sans trace de patine ou de cacholong, provenant de la base d'un lit de tourbe au Havre même.

M. Hébert a bien voulu me montrer aussi quelques pseudo-éolithes de Mantes qu'il a ramassés lui-même sur des tas de silex sortis des malaxeurs. Le premier que j'examine (les autres sont sans intérêt) est un beau silex croissant concave, sans aspérité aucune, en tout semblable à ceux que je collectionne dans les ballastières. Comment est-il venu là sur un tas de silex extraits de ces malaxeurs auxquels il n'a jamais été exposé, je l'ignore, mais ce que je sais c'est qu'il a été façonné par la main de l'homme, et que le malaxeur n'y est pour rien. Il est supposable qu'il y a des silex taillés dans les champs avoisinants.

L'étude de la Géologie, cette science qui est la Préhistoire des terrains de notre planète, fournit à la Préhistoire de l'Humanité quantité d'enseignements qui devraient profiter aux néo-préhistoriens afin qu'ils apportent à l'avenir plus de prudence dans leurs négations et leurs affirmations sur les faits préhistoriques.

Dans son beau livre (*Géologie*, 1908), véritable encyclopédie, le professeur Stanislas Meunier note incidemment les erreurs d'appréciation qui se sont succédé quant aux causes et effets des phénomènes naturels : diluviums, vallées, volcans, glaciers, etc., etc. ; voici quelques-unes de ces observations.

— « Il importe de remarquer que, par une disposition générale
« dont le sens nous échappe, les apparences premières des choses
« sont ordinairement tout à fait trompeuses ; c'est comme une loi de
« nature qu'à l'égard de nos sens l'apparence est normalement le
« contraire du réel.

— « Il est bien remarquable que, pendant si longtemps, la struc-
« ture spéciale du diluvium ait échappé aux observateurs, et c'est sans
« doute l'un des exemples les plus décisifs que l'on puisse citer de la
« cécité fatalement consécutive au trop fidèle attachement à des idées
« préconçues.

— « Malgré le veto magistral prononcé par Élie de Beaumont qui
« voyait dans les dunes un attribut exclusif de l'époque actuelle, on
« trouve les analogues des dunes dans la formation de tous les
« âges.

— « Le même éminent géologue faisait des volcans à cratère un
« apanage distinctif de la période actuelle. Il a fallu d'innombrables
« efforts pour faire admettre par tout le monde que les roches pluto-
« niques sont sorties des régions infra-granitiques par un mécanisme
« du même genre en vertu duquel les roches volcaniques viennent
« actuellement au jour, conformément aux expressions que j'em-
« ployais déjà en 1871 dans un ouvrage intitulé *Les causes actuelles*
« *en géologie*.

— « D'après une théorie acceptée par tous les pays, ce qui ne
« l'empêche pas d'être inexacte, les anciens glaciers auraient, à un
« moment donné, existé sur toute la surface de la terre, et cette cause
« générale se serait manifestée plusieurs fois, séparées les unes des
« autres par des périodes d'abstention. Et c'est là l'origine de cette
« croyance devenue classique que non seulement notre planète a tra-
« versé une période glaciaire, mais même qu'elle en a subi plusieurs,
« entre lesquelles la température s'était très notablement adoucie.

— « Il a fallu lutter contre des préjugés dont quelques-uns
« n'allaient à rien moins qu'à dénier aux glaciers toute efficacité éro-

« sive, sinon même à leur attribuer, comme on l'a fait un temps, le
« pouvoir de protéger les roches contre toute dénudation ultérieure.
« La vérité est que les fleuves d'eau solide sont des agents d'usure
« extraordinairement actifs.

— « Les montagnards avaient constaté de tout temps le déplace-
« ment progressif des glaciers, mais les savants commencèrent à le
« considérer, on ne sait trop pourquoi, comme contraire aux proba-
« bilités et, par une trop grande hâte de conclure, ils le nièrent.

— « En 1828 on fit la découverte d'un squelette humain enfoui
« dans les couches profondes non remaniées du loess de Lehr (grand-
« duché de Bade). Les ossements furent envoyés à Cuvier, qui,
« aveuglé par des idées préconçues, d'ailleurs inexactes, ne voulut
« pas considérer ces échantillons comme dignes d'examen........

. . . .

Pour en revenir au diluvium, que de problèmes obscurs il recèle
en sa masse ! mais pour tenter de les résoudre, il faut que les préhistoriens commencent avant tout par apprendre à reconnaître
l'intervention de la main humaine partout où elle s'est fait sentir,
ce qu'ils ont jusqu'ici ignoré parce qu'ils en ont négligé l'étude.

Devant cette quantité vertigineuse de fragments calcaires et
autres roches que contiennent les diluviums de la Seine et de la
Marne, que de fois je me suis posé cette question, toujours restée
sans réponse :

A quelle cause attribuer cette fragmentation à l'infini ?

NOTE

Quoi de plus burlesque que cette prétention outrecuidante d'en
remontrer à Boucher de Perthes, émise par des savants qui, durant
vingt ans, considéraient les haches taillées comme jeux de la
nature, pierres tombées du ciel, produits de chocs, etc., etc.

Ces savants n'ayant aucune notion de ce qu'était une pierre
taillée, ni aucune expérience au sujet des patines variées, se trouvent soudain illuminés et n'hésitent pas à distinguer, au milieu de
l'immense collection du Maître, des haches récemment fabriquées
par des ouvriers dont Boucher de Perthes aurait été la dupe.

En vain le génial inventeur de la préhistoire proteste dans un
langage digne d'un sage de la Grèce antique.

Je ne crois qu'à mes yeux, dit-il, *ce n'est pas par sentiment de méfiance contre les personnes qui veulent bien me prêter aide, mais par la conviction qu'ici rien n'est plus facile que les erreurs.*

Après vingt ans d'études et de recherches, je n'aurais pu apprendre à distinguer une pierre taillée de celle qui ne l'est pas. Un travail sérieux avait droit à des observations plus graves.

Si je n'ai pas beaucoup de science, j'ai au moins une grande expérience pratique. Quant aux silex travaillés ou non travaillés, c'est par millions que j'en ai touché, analysé ; ceux que j'ai réunis, je les compte par bien des milliers.

Eh bien ! on ne m'a pas moins dépeint comme étant aussi la dupe de jongleries qui ne tromperaient pas le dernier des terrassiers·

Pensez donc que depuis trente ans j'étudie cette question, que j'ai fait pour la répandre des dépenses considérables, et dès lors des essais à l'infini ; mais aussi j'ai appris à ce sujet ce que personne ne sait aussi bien que moi. A chacun sa spécialité, c'est la mienne.

C'est moi qui ai enseigné à nos terrassiers, de père en fils, à distinguer un silex taillé de celui qui ne l'est pas. C'est moi, qui dès le principe de cette étude ai fait sur la taille des silex et la confection des haches une multitude d'expériences... Et l'on voudrait que ce fût à moi que ces ouvriers s'adressassent pour me vendre leurs haches fausses !

Je suis vieux, mais je ne suis pas encore tombé en enfance, et il faudrait vraiment que je le fusse pour me laisser prendre aux jongleries qu'on attribue à nos ouvriers.

Grâce à Dieu rien de ceci ne m'a brouillé avec mes amis d'Angleterre. Leurs raisonnements sur ma naïveté ou ma facilité à me laisser prendre en étourneau, à tous les pièges, tous les trébuchets, enfin à toutes les malices d'ouvriers, ne tendraient à rien moins qu'à me faire passer pour un niais ; mais nos amis le faisaient de bonne foi, et la bonne foi est toujours respectable.

BOUCHER DE PERTHES TANTÔT HALLUCINÉ, TANTÔT DUPE DE SES OUVRIERS !

c'est ainsi que les préhistoriens écrivent l'histoire contemporaine ; comment alors s'étonner des idées préconçues qu'ils apportent dans leurs appréciations sur les choses de la préhistoire?

Janvier 1909.

Mesdames, Messieurs,

Honneur au docteur Paul Raymond qui libère en ce jour la
mémoire de Boucher de Perthes du doute insultant que pendant
cinquante ans on s'est plu à faire planer sur la lucidité et l'intelli-
gence de l'illustre Inventeur de la préhistoire.

Reconnaissance à notre généreux collègue qui a pris l'initiative
de s'adresser aux préhistoriens d'Angleterre et de France, afin de
réunir ici les pièces les plus indiscutables qui témoignent de la
réalité des premières ébauches de sculpture aux temps paléolithiques, comme l'avait autrefois démontré, sans succès, Boucher de
Perthes.

Pièces indiscutables, excepté toutefois pour les personnes qui, se
disant incapables de faire la moindre distinction entre l'intention et
l'accident, prétendent que le hasard peut tout faire.

Le jour est enfin venu où s'affirme la prédominance de l'observation directe sur les idées préconçues de certains théoriciens qui
se croient plus savants que nature.

L'heure de la justice envers la haute clairvoyance du Maître
s'est fait attendre un demi-siècle ; mais pourquoi récriminer ?

La vérité à son apparition n'est-elle pas toujours méconnue ; longtemps elle doit lutter contre les préjugés, la routine et la mauvaise
foi, souvent même pendant l'existence entière d'une génération.

Philosophe et voyant, Boucher de Perthes avait prévu, avait pré-
dit cette journée de revanche où la Vérité triomphe enfin de l'erreur
et du parti pris.

« Quant aux pierres-figures, disait-il, on n'y a pas cru, et les
conversions que j'ai faites en ce point ont été rares. Je m'en suis
peu préoccupé, ce n'était que chose remise, on finit toujours par
croire à ce qui est vrai. Un peu de patience et arrive le jour où on
ouvre les yeux et tout le monde y voit clair.

« Qu'on ne repousse donc pas ces images de pierre, qu'on n'en
fasse pas un objet de raillerie, qu'on les étudie et qu'on les juge.

Qu'on se rappelle surtout que c'est seulement comme renseignement ou sujet à approfondir que je présente ces mystérieuses images
dont le travailet l'intention ne seront jugés que lorsque d'autres
géologues les auront étudiées. »

Est-il possible de découvrir, dans ce langage si pondéré, si
judicieux, le moindre signe d'aberration, le moindre indice des
égarements de la raison, comme la légende calomnieuse en a été
propagée.

Faute d'arguments tant soit peu sérieux à faire valoir, accuser
d'hallucination le Père de la Préhistoire, parce que l'on ne croit
pas à un fait nouveau qu'il présente, fait qu'on déclare sentencieu-
sement indigne d'être contrôlé, c'est donner une piètre idée de la
mentalité de l'*homo sapiens* actuel.

Devant cette éclatante démonstration qui est là sous nos yeux,
grâce à l'impartialité et à l'énergie pratique du docteur Paul Raymond auquel les préhistoriens étrangers et français ne sauraient trop
rendre hommage, on est bien forcé de conclure qu'une fois de plus,
seul contre tous, Boucher de Perthes avait raison ; il est donc de
notre devoir strict de faire amende honorable de notre injustice
envers sa mémoire.

Oui, il y a dans le diluvium des pierres-figures retouchées de main
d'homme, aucun doute ne subsiste à cet égard.

Mais comme l'expérience nous apprend que plus l'*homo sapiens*
est dans l'erreur, plus il fuit la lumière qui l'obligerait à se rétrac-
ter, tout porte à croire que certains préhistoriens absents aujour-
d'hui continueront à nier quand même, comme m'écrivait quelques
mois avant sa mort le regretté Sir John Evans : « *Je reste toujours
incrédule aux pierres-figures.* »

EXPOSITION DES PIERRES-FIGURES

LE 6 FÉVRIER 1909 A L'HÔTEL DES SOCIÉTÉS SAVANTES

LA QUESTION DES PIERRES-FIGURES

CONTRIBUTION A L'ÉTUDE DE LA SCULPTURE AUX TEMPS QUATERNAIRES

PAR M. LE Dr PAUL RAYMOND

L'une des questions qui ont le plus sollicité l'attention de Boucher de Perthes, car il y revient dans plusieurs mémoires, est celle de ces silex zoomorphes ou même anthropomorphes qu'il a le premier désignés sous le nom de pierres-figures[1] et dans lesquels il voyait, avec raison semble-t-il, les premiers essais de la sculpture à l'époque paléolithique. Si, de son vivant, Boucher de Perthes put voir cesser l'opposition systématique réservée à nombre de ses idées, il ne put jamais avoir raison de l'incrédulité avec laquelle avaient été accueillies ses recherches sur la sculpture du quaternaire ancien et, jusqu'à ce jour, ceux de ses successeurs qui ont suivi la même voie n'ont guère été plus heureux : ils passent volontiers pour des visionnaires, alors qu'ils paraissent détenir, au contraire, une part de la vérité. Peut-être, à vrai dire, ont-ils compromis leur cause, comme Boucher de Perthes lui-même, d'ailleurs, en étendant à des faits discutables des conclusions qui ne s'appliquaient qu'à des données bien moins nombreuses et bien plus sûres.

*
* *

« La forme bizarre des silex et leur analogie avec telle ou telle figure ont dû frapper les peuples primitifs comme elles frappent encore nos enfants et nous étonnent quelquefois nous-mêmes : aussi avons-nous pensé que ces silex avaient fait naître l'idée des premiers essais de sculpture. Ces essais se bornaient à quelques coups donnés plus ou moins adroitement pour achever la ressemblance[2]. »

1. Des outils de pierre, 1865, p. 47.
2. Antiquités celtiques et antédiluviennes, t. I, p. 554.

Telle est la remarque fondamentale de Boucher de Perthes, celle qui va le conduire à étudier systématiquement les silex à profils animés pour voir s'ils ne portent pas quelque trace de travail humain.

Boucher de Perthes n'est pas sans faire remarquer, tout d'abord, qu'avec un peu d'imagination on peut voir partout de ces sortes de pierres qui, pourtant, n'ont jamais été retouchées par l'homme : « Nul doute, dit-il[1], qu'il ne faille se tenir en garde contre un jugement trop hâté, car, pour peu que l'imagination y aide, il n'est pas un seul amas de pierres où l'on ne puisse, en un quart d'heure, trouver vingt silex qui, tous, pourraient, à la rigueur, présenter une apparence d'homme ou de bête : pourtant il n'y en aura pas un seul qui portera trace de ce travail, et ce qui paraîtra tel ne proviendra que des brisures naturelles. »

Revenant plus tard sur cette question, Boucher de Perthes écrit encore : « Ici l'erreur n'est séparée de la vérité que par un fil. Il n'est aucun de nous qui n'ait été frappé de la facilité avec laquelle certaines matières, et notamment les silex entiers ou brisés prennent par leur contour ou par les anfractuosités de leur cassure l'apparence de figures. Les pierres non travaillées imitent souvent beaucoup mieux une figure que celles qui ont subi une main-d'œuvre : l'accident ici, l'emporte sur l'art. »

L'importance de ces remarques est capitale : elles vont nous permettre, sans aller plus loin, d'éliminer des faits dont certains ont voulu faire état, bien à tort. Les pierres-figures réellement taillées sont, en effet, beaucoup moins communes qu'on ne le pense, et il est de toute nécessité de faire un choix dans les matériaux qui vont servir de base au sujet qui nous occupe. A titre d'exemple, je citerai la collection de Boucher de Perthes, elle-même, à Abbeville. Je n'ai pu y trouver *qu'une seule* pierre-figure vraiment indiscutable (abstraction faite des cas à réserver que nous étudierons plus loin). Elle est doublement intéressante : elle porte, en effet, une étiquette de la main de Boucher de Perthes sur laquelle on lit : *trouvée à Abbeville en 1844.* C'est donc l'une des premières pièces qu'il ait recueillies, et il est possible que ce soit elle qui lui ait suggéré l'idée des pierres-figures. Il est intéressant de noter, en tout cas, que l'idée juste en soi de Boucher de Perthes ne s'appuie que sur un nombre extrêmement restreint de bonnes pièces, sinon même sur une seule, ce qui ajouterait encore au mérite du maître.

---

1. Antiquités celtiques et antédiluviennes, I, p. 100.

Il est donc facile de se convaincre que tous les auteurs qui se
sont occupés de la question des pierres-figures n'ont pas eu en vue
les mêmes faits, et l'on peut ainsi s'expliquer en partie comment le
discrédit qui a atteint certaines idées par trop audacieuses a rejailli,
à tort, sur la question tout entière. Depuis 1865, époque à laquelle
Boucher de Perthes publiait son dernier travail sur les pierres-
figures, nombreux sont, en effet, ceux qui les ont étudiées, et sans
chercher à écrire ici un chapitre d'historique, il faut rappeler le
nom de divers observateurs dont on ne saurait, certes, partager
toutes les opinions, mais dont on doit discuter les travaux.

En 1866, Victor Chatel, membre de la Société des Antiquaires
de Normandie, avait réuni une série de pierres-figures qu'il soumet-
tait à Boucher de Perthes [1]. Sa collection a dû figurer à l'Exposition universelle de 1867. A la même époque, l'abbé Herbert avait
réuni une collection semblable signalée par M. F. Pérot. En 1888,
M. Dharvent présentait à la Commission des monuments histo-
riques du Pas-de-Calais des pierres-figures néolithiques. Il reve-
nait sur la question en 1896, et il exposait ses pierres-figures à
Arras. En 1902, M. Dharvent a publié une importante étude sur
les pierres-figures, question dont il ne cesse de s'occuper avec
succès et au sujet de laquelle il a fait une communication au premier Congrès préhistorique de France, à Périgueux, en 1905 [2].

En 1899, M. F. Pérot publiait une étude sur les silex taillés de
la période néolithique donnant des profils d'homme ou d'animaux [3].

Viennent ensuite plusieurs travaux parmi lesquels on peut citer
ceux de MM. Quenouille [4], Harroy [5], Patiri [6], Schweinfurth [7], sans

1. Lettre relative aux silex taillés de main d'homme adressée à M. Boucher
de Perthes. Caen, 1866.
2. DHARVENT. Note sur les silex à représentations anthropomorphes ou
zoomorphes. Arras, 1888. — Premiers essais de sculpture de l'homme préhistorique (Notice et description d'une collection de silex à représentations
anthropomorphes ou zoomorphes à retouches intentionnelles, recueillie dans
le diluvium inférieur du nord de la France). Rouen, 1902. — Les pierres à
figures animées. Congrès préhist. de France. Périgueux, 1905, p. 191.
3. Bull. Soc. hist. nat. d'Autun, 1899.
4. Silex néol. à figurations. Bul. Soc. normande d'études préhist., 1903. —
Quelques silex néol. à profils, à images et découverte d'imagettes confirmatives des sujets représentés. Bull. Soc. normande d'études préhist., 1902.
5. L'art préhistorique. Revue scientifique, 1902, p. 37 et 1903, p. 268.
6. L'arte primitiva e la selce figurata. Palerme, 1903.
7. Über das Höhlen Paläolithicum von Sizilien und Südtunisien. Zeitschrift
für Ethnologie, 1907, p. 832.

parler des recherches inédites de MM. Demairé, Hervé, Newton, etc.

De tous ces auteurs, celui qui a soutenu avec le plus de conviction et le plus de vigueur la cause des pierres-figures est M. Thieullen qui a partagé le sort de beaucoup de novateurs, mais dont la foi absolue et l'ardeur toute juvénile vont se trouver récompensées. M. Thieullen a recueilli, lui aussi, un certain nombre de pièces dont plusieurs sont vraiment concluantes : ce sont bien, en tout cas, celles que visait Boucher de Perthes dans ses descriptions. M. Thieullen, en les décrivant, suit la méthode du maître d'Abbeville et après avoir insisté, peut-être un peu longuement, sur les preuves morales, il appelle, lui aussi, l'attention sur l'importance des retouches intentionnelles : « Les pierres à figures naturelles, répondait-il, à un contradicteur qui lui reprochait ironiquement de présenter toute une basse-cour, les pierres à figures naturelles ont-elles subi les retouches intentionnelles de la main de l'homme ? Toute la question est là, et peu importe que ces figures représentent des animaux de basse-cour, canards ou autres. »

M. Thieullen a eu aussi le mérite de limiter la question. Sans nier les « profils », c'est-à-dire les silex découpés, les silhouettes sur lesquelles nous allons revenir, M. Thieullen fait remarquer, avec raison, que profils et pierres-figures en ronde bosse sont questions bien différentes. Les critiques que l'on peut adresser aux « profils » ne sont, par suite, en aucune façon susceptibles de s'appliquer aux pierres-figures, et il faut recommencer l'étude du problème sur des données nouvelles, car M. Thieullen admet que les « profils » peuvent prêter à la discussion. Cette remarque fort juste de M. Thieullen nous ramène à notre point de départ, à la nécessité d'établir des catégories dans ce que les auteurs précédents ont considéré comme des pierres-figures. Ici encore, on ne saurait mieux faire que de prendre pour guide Boucher de Perthes lui-même, car il a vraiment fort bien compris la question s'il n'a pas toujours su se garder de l'erreur.

*
* *

Dans une première catégorie, vont donc rentrer toutes les pierres-figures naturelles, les fausses pierres-figures, celles qu'il est impossible de prendre en considération ; non seulement ces rognons sans aucune retouche qui simulent si exactement parfois un animal, mais encore ces « silhouettes » qui ressemblent tellement à celles des nuages que deux observateurs les voient rarement de la même façon et n'y peuvent montrer aucune retouche indiscutable.

Ces fausses pierres-figures où chacun voit ce qu'il veut, suivant sa disposition d'esprit ; dont il est impossible de préciser la caractéristique intentionnelle, ne doivent pas entrer en ligne de compte, malgré l'apparence parfois si curieuse de profil animé qu'elles peuvent présenter. C'est l'imagination bien plus qu'un examen scientifique qui permet d'y voir la signature de l'homme. A cette catégorie appartiennent les séries recueillies par MM. Quenouille, Harroy, Delaunay, etc. [1]. Ce n'est pas à dire que dans ces séries il n'y ait pas de pièces à réserver, des pièces qu'il serait téméraire de rejeter *a priori*, des pièces sur lesquelles nous allons avoir à revenir, mais l'ensemble rentre bien dans ces jeux de nature, dans ces « apparences » contre lesquelles Boucher de Perthes mettait en garde, nous l'avons vu, tous ceux qui prétendaient le suivre dans la recherche de la vérité.

Cette première cause d'erreur évitée, étudions avec Boucher de Perthes lui-même, les faits qu'il considère comme démonstratifs d'une intervention humaine : il importe d'examiner les trois classes dans lesquelles il a fait rentrer les faits qu'il avait observés et de voir si lui aussi, et le premier, il n'a pas été induit en erreur par des ressemblances vraiment surprenantes, pouvant en imposer pour les faits qu'il avait en vue.

Dans une première classe, Boucher de Perthes fait rentrer « ces éclats auxquels l'homme a donné, dit-il, par un léger travail une ressemblance éloignée avec un animal. Si l'on nie cette ressemblance, on ne peut nier le travail. On appellera ces morceaux, couteaux, haches, comme on voudra, mais on reconnaîtra que la main de l'homme est là ». Oui, certes, la main de l'homme est là pour avoir fabriqué un couteau, mais pour un essai de sculpture, c'est une autre affaire. On est d'autant plus surpris de voir Boucher de Perthes défendre une telle opinion, qu'il déclare lui-même que les brisures naturelles du silex rappellent souvent des formes

---

1. Boucher de Perthes avait recueilli dans des sépultures « celtiques » de ces pierres à contours découpés. On comprend de quelle importance pouvait être pour la théorie une trouvaille de ce genre, mais il suffit, malheureusement, de lire le chapitre que le maître d'Abbeville consacre à ces trouvailles pour se rendre compte qu'il a été victime d'un mystificateur.

animales et notamment des têtes d'oiseaux. Tous ceux qui ont réuni des séries de pierres-figures ont recueilli des pièces de ce genre donnant parfois l'illusion d'une figure animée. Il ne saurait être question de mettre ici en doute la 'taille de telles pièces : ce sont des instruments classés, racloirs, couteaux, etc., et certains se doublent d'une apparence de figure. Sur quelques-uns de ces outils, le profil est manifeste, ainsi qu'il est facile de s'en rendre compte par les figures qu'ont fait reproduire MM. Quenouille, Harroy, Schweinfurth par exemple, mais la question est de savoir si le préhistorique a vu la pièce telle que nous l'envisageons nous-mêmes. En d'autres termes, y a-t-il vu autre chose qu'un racloir ou un couteau, ou bien a-t-il attaché, par surcroît, une importance à ce profil que nous y voyons, profil souvent indiscutable, né d'une disposition naturelle de la pierre, du hasard de la taille ou de la volonté, et qui, parfois même, nous frappe presque exclusivement? Comme il est absolument impossible de répondre à une telle question, chacun restera libre d'envisager les faits comme il l'entendra, et le mieux me paraît être de les réserver pour l'avenir, car je ne sache pas que, jusqu'à présent, les défenseurs de ces pièces aient apporté des arguments bien probants, comme le pourraient être, par exemple, des retouches toujours semblables à elles-mêmes.

La répétition de telles pièces est pourtant, il faut le reconnaître, un argument à retenir[1].

1. Nous avons présenté à l'Exposition des pierres-figures des faits de cet ordre, *profils* communiqués par MM. Peslerbe, F. Pérot, Delaunay et dont la vérité était parfois étonnante.

Mais ce ne sont pas seulement les *profils* qui sont en discussion ; la ronde bosse elle-même est en cause. Une pièce fort intéressante à cet égard nous a été communiquée par l'Ecole des Mines (M. Douvillé professeur). Il s'agit de la « pierre-figure » jadis trouvée dans le quaternaire de Créteil, par M. Vallet, conducteur des travaux de la ville de Paris. Les retouches intentionnelles évidentes donnent à ce bloc une apparence de tête humaine : le pourtour des yeux et du nez est particulièrement soigné, mais lorsqu'on examine la pièce au point de vue de son utilisation, on remarque vite que c'est une hache parfaite, et que les retouches précitées peuvent n'y avoir été faites que pour faciliter la préhension. Dès lors, que dire ? Essai de sculpture ou vulgaire outil ; ou encore les deux ? Toute conclusion ferme me paraît impossible, à l'heure actuelle.

Nous avons eu, de même, à examiner un certain nombre de pièces présentées, comme oiseaux, par exemple. Dans les cas où la retouche était indiscutable, nous avons pu presque toujours nous rendre compte qu'il s'agissait d'un instrument. Cette remarque est importante, car cette spécification à outrance a fait le plus grand mal à la cause des pierres-figures, ses adver-

Dans une deuxième classe, Boucher de Perthes faisait rentrer des pièces dans lesquelles certains accidents naturels ont pu être le point de départ de retouches intentionnelles. Il s'agit surtout de ces taches bleuâtres, grisâtres, noirâtres, tranchant par leur couleur sur le fond du caillou et figurant assez bien un œil. « C'est cet accident qui, dans beaucoup de cas, a été la cause première et le point de départ de l'œuvre : cet œil et sa position ont déterminé la forme qu'on a imprimée au caillou. Le morceau est alors mi-naturel, mi-factice, l'artiste a aidé la nature, mais sans beaucoup de frais ; c'est à quelques coups de masse et de ciseau que se borne son travail. Aussi pourrait-il être mis en doute et je le mettrais moi-même sans les circonstances que je viens de citer » (Boucher de Perthes).

On trouve dans cette catégorie des pièces qui doivent être examinées avec le plus grand soin et qu'il serait imprudent de rejeter de parti pris, tant les ressemblances qu'elles présentent entre elles sont nombreuses et frappantes. C'est à de telles pièces que faisait allusion Victor Chatel lorsqu'il écrivait à Boucher de Perthes : « Quand un éclat de silex présentait une tache lenticulaire grise, et quelquefois à centre noir, *pouvant servir d'œil*, on a utilisé cet éclat pour en faire, suivant que sa forme naturelle s'y prêtait le mieux, ou un profil humain ou une tête de mammifère, d'oiseau, de poisson ou même de saurien. » Boucher de Perthes lui répondait : « Méfiez-vous des profils ; j'en ai trouvé par centaines, mais après un examen attentif j'ai reconnu que les trois quarts n'étaient que des accidents. Les têtes d'oiseau fourmillent, mais beaucoup aussi sont des empreintes de corps marins ou des jeux de la nature. L'œil convenablement placé est un signe presque certain de l'intention ; lorsque les deux y sont, il y a certitude, mais c'est rare. »

Depuis Chatel, ces profils avec l'œil ont été trouvés par différents chercheurs et les faits se répètent si souvent les mêmes qu'il est impossible de n'en pas tenir compte. Dans les séries que nous ont envoyées MM. F. Pérot, Delaunay, G. Rouxel, Patiri, se trouvent des exemples vraiment suggestifs. Ce sont là encore des faits à réserver

saires lui reprochant, non sans raison, de reproduire non pas les espèces qui vivaient aux temps quaternaires, mais des espèces actuelles, toute une basse-cour, disait John Evans au Congrès de 1900. J'ai ainsi examiné un « canard » qui n'est qu'un couteau dont le trou de suspension, si fréquemment observé dans les instruments paléolithiques, représente « l'œil » du prétendu volatile.

pour l'avenir, mais il faudra être bien prudent dans leur interprétation. L'exemple de Boucher de Perthes doit être présent à l'esprit, et il n'est pas difficile de se convaincre qu'il se trouve, parmi les silex soidisant sculptés qu'il a fait représenter, un certain nombre de pièces naturelles qui simulent des figures animées. L'erreur de Boucher de Perthes est encore plus probable lorsqu'il a considéré comme intentionnels ces silex sur lesquels l'œil apparaît par transparence, la tache qui figure cet organe étant d'un silex plus mince ou plus clair. L'erreur n'est pas moindre lorsqu'il s'agit de ces veines, de ces marbrures de certains silex qui rappellent grossièrement tel ou tel animal et, ce qu'on en peut dire de moins sévère, c'est qu'il sera bien difficile de trouver sur de telles pièces un caractère permettant de soutenir qu'elles ont été intentionnellement façonnées [1].

Reste la troisième catégorie de faits mis en relief par Boucher de Perthes, ceux dans lesquels « le bloc de silex avait naturellement des rapports avec une figure : ce rapport n'avait pas échappé à l'ouvrier qui s'en était emparé et, par des retouches, avait aidé au hasard ».

Ce sont bien là les vraies pierres-figures, celles où la retouche est manifeste, avec les caractères que nous lui reconnaissons. Il est bien évident qu'un certain nombre de faits de la classe précédente rentreront dans cette catégorie si le critérium qu'on doit leur reconnaître, c'est-à-dire la retouche, y est indiscutable.

Tantôt, ce sera une tache qui aura guidé la main de l'artiste pour représenter un œil, comme le disait Boucher de Perthes, et tantôt un autre accident qui l'aura inspiré. « Ce sera une courbe, un angle, un creux, exprimant selon lui une tête, un museau, un bec, une gueule, une bouche. C'est d'après cette première indication du hasard qu'il a taillé sa pierre, bien lourdement, sans doute, bien imparfaitement, mais pourtant de manière à ce que chaque organe principal, tête, œil, col, se trouve à peu près en place. »

Nous ne devons retenir, en résumé, que les pièces dans lesquelles un accident de la roche a sollicité l'attention et guidé la main de

---

1. Ceux qui voudront juger une telle question devront avoir à leur disposition des séries bien nombreuses et bien probantes. Or il ne semble pas que les héritiers directs eux-mêmes de ceux qui ont vu de la sorte des profils animés partagent l'opinion de leurs auteurs. C'est ainsi que je me suis enquis des séries de profils recueillies par V. Chatel, par M. Demairé (de Montmorillon), par M. Harroy. Ces derniers sont morts depuis bien peu de temps, et pourtant leurs séries ont déjà disparu. Les renseignements que j'ai pu avoir sur ces *profils* ne permettent pas, d'ailleurs, de les bien regretter.

l'homme pour aider le hasard par une retouche habile, et perfectionner l'œuvre de la nature.

Si Boucher de Perthes a dépassé la mesure, il ne faut pas oublier qu'il donnait tous ces faits comme possibles et non comme certains : « Qu'on se rappelle, disait-il, que c'est seulement comme renseignement ou sujet à approfondir, que je présente ces mystérieuses images dont le travail et l'intention ne seront définitivement jugées que lorsque d'autres archéologues les auront étudiées [1]. »

Ces archéologues sont venus, en petit nombre, mais convaincus et tenaces qui ont eu le mérite, sinon de résoudre la question, du moins de la maintenir à l'ordre du jour. Il leur a fallu soutenir des luttes fort vives, non pas, malheureusement, le plus souvent contre un examen raisonné et impartial, mais contre l'indifférence, le parti pris, le dénigrement, ou les sarcasmes de certains qui trouvaient bien plus simple d'être toujours de l'avis d'une majorité dont le siège était fait d'avance et qui se refusait même parfois à examiner les pièces qu'on lui présentait.

Il est impossible, en dernière analyse, d'accepter toutes les idées de palethnologues qui, après avoir vu quelques pierres-figures indiscutables, ont fini par en voir partout, mais on peut, dès à présent, faire le départ de ce qui doit être rejeté, de ce qui doit être retenu et de ce qui doit être aussi réservé à la sagacité de nos successeurs.

*
* *

Nous pouvons donc aborder maintenant la démonstration des pierres-figures réellement intentionnelles, de ces pièces pour lesquelles, du double concours de la nature et de l'homme, ou de l'intervention de l'homme seul, est résultée une figure d'aspect zoomorphe, ou, plus rarement, anthropomorphe.

Les pierres-figures dont nous devons nous occuper sont celles du type de la ronde bosse ou du relief qui présentent ce que l'on demande à tout silex réputé taillé, une retouche intentionnelle. Elles proviennent, pour la plupart, des alluvions quaternaires des bas niveaux, mélangées par conséquent avec des pièces chelléennes, acheuléennes ou moustériennes. Il n'est donc pas possible, en bonne logique, de les faire remonter plus haut que la plus

1. *Loc. cit.*, p. 102.

récente de ces époques, le moustérien. D'autres ont été trouvées —
fait très important — dans un atelier acheuléo-moustérien (Fontmaure). Il en est, enfin, qui ont été présentées, avec raison d'ailleurs, comme néolithiques, parce qu'elles ont été trouvées sur un
plateau, par exemple, ou associées à une industrie néolithique.
C'est toujours la même difficulté qui se présente lorsqu'il s'agit de
juger par sa forme l'âge d'un silex taillé. Rien ne prouve que le
même emplacement n'a pas été occupé d'une façon continue aussi
bien par les paléolithiques que par les néolithiques ; rien ne prouve
que la pièce n'a pas été ramenée par des labours d'un sous-sol
paléolithique, et rien ne prouve, enfin, qu'elle n'a pas été apportée
par les néolithiques eux-mêmes dans leur campement. Nous avons
trop d'exemples de ces faits, pour ne pas reconnaître l'impossibilité
de se prononcer dans de tels cas. Rien ne s'oppose, enfin, à ce que
les néolithiques aient taillé, eux aussi, des pierres-figures. Entre
autres exemples, on peut citer deux belles pierres-figures de cette
époque appartenant à M. Delaunay et plusieurs pièces à
M. Bennett, de West Malling (Angleterre). Peu importe, d'ailleurs,
l'époque à laquelle ces pièces ont pu être taillées : l'essentiel est
d'examiner si elles ont été taillées.

On peut invoquer à l'appui de cette manière de voir un certain
nombre de preuves.

A. *Les preuves morales.* — Boucher de Perthes faisait valoir des
arguments qu'on peut appeler les preuves morales. Ces arguments,
dont on a quelque peu abusé après lui, sont parfois plus littéraires
que scientifiques, mais il ne s'ensuit pas qu'on ne doive pas en
tenir compte. « Pour juger sainement les faits, dit, par exemple,
Boucher de Perthes, il faut un instant oublier notre siècle, ses pro-
diges d'industrie et ses monuments et ne nous attacher qu'à ces
images que nous ébauchions étant tout petits, comme le font
encore nos enfants : donnez-leur de la pâte ou de la terre glaise,
ils vont en pétrir une figure. Ainsi ont fait les premiers hommes :
ces statuettes, ces diminutifs d'eux-mêmes, ces apparences d'êtres
ont été de notre goût dans tous les temps, et la première des filles
d'Adam a eu certainement sa poupée. Les figures en ronde bosse
ou les statues ont été conçues avant les images plates et celles-ci
avant la demi-bosse ou ce que nous nommons bas-relief[1]. » Bou-

---

1. On sait que Piette a démontré dans le quaternaire supérieur la justesse
de cette remarque.

cher de Perthes ajoute que l'homme a accueilli d'abord les images qu'il trouvait toutes faites. « Ces formes inertes et qui n'avaient jamais vécu, rappelant dans leur bizarrerie celles de la vie, avaient dû frapper ces peuples naissants comme elles nous frappent nous-mêmes...

« La figure humaine est probablement la première dont l'homme a cherché la ressemblance dans les objets qu'il rencontrait. Puis il a essayé d'en façonner lui-même. Alors il s'y est d'autant plus attaché que c'était son œuvre ; les ébauches qui n'avaient, dans le principe, été qu'un objet de curiosité abandonné aux enfants, prirent bientôt place dans la vie de l'homme : ce furent ses premières amulettes, son premier fétiche. Il leur attribua des vertus préservatrices ou des qualités curatives : il y vit les protecteurs de la famille et ce fut l'origine des lares ou dieux domestiques. »

Les choses, certes, ont pu se passer ainsi, mais une possibilité n'est pourtant pas une preuve : il n'y a là qu'un élément d'appréciation.

B. *Les preuves tirées de l'ethnographie.* — Chez certains peuples encore peu évolués, il n'est pas rare de rencontrer des pierres ainsi figurées, fétiches bien plutôt qu'objets d'art, et l'on peut penser que chez nos ancêtres de la pierre il en a été de même, des conceptions identiques correspondant, généralement, à des phases semblables de la civilisation. Nous n'insisterons pas davantage, M. G. Hervé ayant bien voulu consacrer un chapitre spécial à cet argument tiré de l'ethnographie. MM. Dharvent et Thieullen ont envoyé à notre exposition des pièces (poissons) qui tirent une grande force de cet argument et qui sont vraiment fort curieuses.

C. *Les preuves tirées de la répétition des types.* — Boucher de Perthes avait insisté, avec raison, sur cet argument : « L'intention me semble manifeste, disait-il, quand une figure a des analogies, c'est-à-dire quand, dans sa coupe, sa taille ou le nombre des écailles, bandelettes ou éclats enlevés, elle présente identité avec une ou plusieurs autres. Le hasard ne crée guère de similaires ou, s'il en crée, c'est dans l'ensemble et non dans les détails. » Il est impossible, lorsqu'on examine des séries, de n'être pas frappé de la justesse de cet argument. Nous possédons aujourd'hui des pièces qui se présentent avec des caractères similaires tels qu'il est impossible de nier leur parenté étroite. Cette similitude se retrouve non seulement dans l'ensemble, mais dans les détails, ce qui est un argument important. Si l'on peut penser, en effet, qu'une ressemblance grossière est un fait naturel, il devient bien plus difficile de soutenir que des retouches portant aux mêmes endroits sur toutes ces pièces de la même famille sont, de même, un fait contingent et l'œuvre d'une force aveugle. Nous avons pu réunir à notre exposition *sept* têtes de bouquetin présentant les mêmes retouches topiques (coll. Thieullen, Leroy, Delaunay, Harroy), deux têtes d'équidé absolument superposables (coll. G. Hervé), quatre « singes » superposables aussi deux à deux (coll. Leroy, Dharvent), une série de poissons), etc. Peut-on n'être pas frappé de cette répétition de types, avec retouches évidentes, qu'on ne l'oublie pas?

Mais il y a plus : dans les curieuses séries que M. Hervé a recueillies *dans l'atelier* de Fontmaure, on trouve cinq équidés ; trois ébauches, dont les deux superposables que nous venons de mentionner, une pièce plus finie, avec un œil représenté par une tache de silex jaspé et, enfin, l'œuvre parfaite que nous avons fait représenter planche II, fig. 2.

D. *L'accident en réserve*. — Un argument important me paraît être l'accident « en réserve » qui a été utilisé à une autre époque, par d'autres artistes, dont on ne conteste pas les œuvres, je veux parler des sculpteurs de l'âge du Renne.

Lorsqu'on se mit à étudier les gravures pariétales des cavernes de l'âge du Renne, on ne tarda pas à s'apercevoir qu'il y avait, à côté d'elles, de véritables sculptures en bas-relief et que l'artiste avait profité d'une saillie de la roche, d'une irrégularité, ou d'un accident quelconque de la paroi pour parachever l'œuvre de la nature et donner une forme d'animal à une disposition naturelle qui n'en rappelait qu'une partie, et cela souvent d'une façon assez vague[1].

Les artistes primitifs se sont ingéniés, peut-on dire, à découvrir ces grossiers reliefs et ils en ont souvent tiré un parti surprenant. C'est ainsi qu'en Dordogne, à Font-de-Gaume, aux Combarelles, on peut relever de multiples exemples de l'utilisation par les magdaléniens des accidents de la roche pour représenter tout ou partie des animaux.

A Font-de-Gaume, par exemple, la paroi de droite de la grotte étant ainsi bosselée, a été utilisée en plusieurs endroits pour repré-

---

1. C'est absolument ce que firent plus tard les artistes de la Renaissance qui montaient des perles en bijoux : les irrégularités qu'elles présentaient étaient soigneusement étudiées et elles guidaient l'artiste dans le choix du sujet. On obtenait ainsi, on le sait, des œuvres d'art du plus curieux effet.

senter la bosse d'un bison, la croupe, la tête ou seulement la nuque
d'un de ces animaux. La représentation la plus intéressante, à cet
égard, est celle d'un cheval regardant à droite : la queue, la cuisse
et les jambes de devant ainsi que l'épaule sont représentées par des
stalactites, tandis que les contours sont gravés au trait en noir. Aux
Combarelles, une saillie rocheuse a été utilisée pour former le corps
d'un renne que l'artiste a terminé en gravure. Il existe ainsi, dans
ces différents cas, un mélange de haut relief et de gravure, et il en
résulte une œuvre mixte fort intéressante, parce que la recherche
de l'effort voulu y est indéniable. Parfois, il n'y avait que de légères
modifications à apporter dans le modelé naturel, mais d'autres fois
aussi, on le conçoit, l'interprétation a nécessité une intervention plus
accusée.

On retrouve alors les traces manifestes de cette action humaine
sur la saillie naturelle. C'est ainsi que j'ai signalé dans la grotte
magdalénienne d'Oullins, dans le Gard, cette curieuse saillie naturelle
qui a été interprétée en profil de bovidé[1]. Il a suffi de quelques
retouches légères au mufle, mais l'œil n'existait pas et, en bonne
place, l'artiste l'a creusé en quelques coups de burin dont les traces
sont aussi évidentes que possible. La base de la corne et l'oreille
ont été, de même, enlevées en creux et à la place voulue. L'œuvre
de la nature ainsi complétée est parfaite de vérité. Cet exemple si
curieux où une saillie naturelle s'est trouvée changée en une ronde
bosse qui fait honneur à l'artiste n'a pas peu contribué, je l'avoue,
à me faire le défenseur des pierres-figures. J'y ai retrouvé non pas
seulement les mêmes procédés, mais les mêmes retouches que sur
les rondes bosses du diluvium. L'artiste magdalénien n'a pas pro-
cédé d'une autre façon que ne l'avait fait son ancêtre du quaternaire
moyen, comme si une tradition s'était établie. Mais un fait plus
curieux encore vient d'être publié qui complète les précédents et
authentique les pierres-figures du quaternaire. Dans la grotte magdalénienne de la mairie à Teyjat (Dordogne), dont les superbes gravures sur stalagmite sont aujourd'hui bien connues, M. Bourrinet a
trouvé un morceau de concrétion stalagmitique que les auteurs de la
description de la grotte, MM. Capitan, Breuil, Bourrinet et Peyrony
signalent en ces termes [2] : « Un morceau de concrétion stalagmitique, à forme bizarre, *peut* avoir subi une *interprétation* figurée :

1. *Revue préhistorique*, 1907, p. 279.
2. *Revue de l'École d'Anthropologie*, 1908, p. 216.

vu d'une certaine façon, il rappelle les mufles caricaturesques des têtes humaines masquées de nos grottes gravées ; nous avons aux Combarelles des accidents rocheux qui ont été, de même, interprétés en « mufles humains ». Il est bien possible que les magdaléniens de Teyjat aient ainsi fait pour ce morceau de stalagmite, car juste à la place où l'œil aurait pu être ajouté pour compléter la figure, un raclage vigoureux du silex a creusé une cupule assez profonde. L'ethnographie donne trop d'exemples de pierres naturelles transformées en pierres-figures pour que nous puissions passer sous silence ce petit fait que nous signalons, d'ailleurs, avec la note très hypothétique qui lui convient. »

On voit que les auteurs n'osent encore prendre parti dans la question des pierres-figures et qu'ils sont hésitants, bien que forcés de reconnaître l'intervention humaine. Mais il leur eût été permis d'être plus affirmatifs, car cette pièce ne permet pas le moindre doute, et, en série elle est aussi convaincante que possible.

Un fait de même ordre a été cité par M. l'abbé Breuil qui a trouvé à Vilhonneur, dans la station magdalénienne du Bois du Roc, un rognon de silex affectant la forme vague d'une tête de lièvre ou de marmotte : des aspérités naturelles ont une certaine ressemblance avec les yeux. Une série de stries tracées par l'homme simulent les barbiches ; deux d'entre elles en se rejoignant rappellent le dessin du nez fendu du lièvre. « L'intervention d'un artiste qui a accentué les formes naturelles d'un rognon de calcaire est incontestable. »

D'autres faits, toujours de l'époque magdalénienne, et dans lesquels il ne s'agit plus de silex, il est vrai, mais d'os, peuvent être rapprochés des précédents. C'est ainsi que M. Breuil a encore cité un éclat d'os recueilli à Brassempouy. Le hasard avait voulu que la cassure reproduisît à peu près la forme d'une tête de cheval. L'artiste préhistorique a achevé d'en faire une tête d'équidé en y gravant des narines, une bouche, une oreille, un œil et même une sorte de chevêtre.

M. Capitan a rappelé, lui aussi, les calcanéums d'équidés trouvés par Piette au Mas d'Azil et sur lesquels l'artiste n'a eu qu'à ajouter quelques traits pour parfaire l'œuvre de la nature et obtenir des têtes de chevaux.

E. *Les caractères propres des pierres-figures.* — Il ne suffit pas, pour déclarer un silex façonné par l'homme, qu'il présente plus ou moins vaguement l'apparence d'un animal. Le point de départ de la pierre-figure a bien été, précisément, cette ressemblance plus ou moins évidente, mais elle a été ensuite perfectionnée par un travail humain. Ce n'est que par suite d'un plan, d'une œuvre, d'une volonté de l'homme, comme le disait aussi Boucher de Perthes, que le silex grossier est arrivé à représenter une figure. Il faut donc que partout les caractères soient les mêmes et, de fait, on les retrouve qui constituent un ensemble surprenant.

Quels sont les caractères qui peuvent permettre de différencier le travail humain d'un simple effet de hasard ? Toute la question est là.

1° Boucher de Perthes avait insisté sur ce fait que, dans les silex ouvrés, les éclats sont plus réguliers et plutôt concaves que convexes : les bords du morceau sont moins tranchants que dans les silex non ouvrés, ou, s'ils le sont, c'est par des coupures partant du centre.

Quand les bords ont été régularisés, c'est au moyen de petites écailles enlevées successivement à l'aide d'un outil ou d'une autre pierre, ce que l'uniformité de ces écailles rend facile à reconnaître. Ce sont les retouches marginales de M. Hervé.

Dans les silex brisés naturellement, tout est d'un seul jet et cette unité même, disait encore Boucher de Perthes, prouve l'accident : « Un morceau de sculpture, un dessin, quelque imparfaite qu'en soit l'œuvre, n'a jamais été fait d'un seul coup. » Quel que soit le mouvement ou l'air de vie de ces éclats, ils ne peuvent être pris en considération que s'ils sont retouchés, suivant la règle, dirons-nous, car ces retouches sont toujours les mêmes.

2° Ces retouches se trouvent toujours au point où il faut qu'elles soient, et il y a des lieux d'élection de la retouche artistique : l'œil, l'oreille, le museau, le cou, la base de la pièce.

On pourrait penser que les points retouchés l'ont été accidentellement, à la suite de chocs, par exemple, mais ce serait une erreur, car l'examen montre que les parties saillantes de telles pièces, les plus exposées, par conséquent, ont échappé au choc, de même que certaines parties qu'il fallait réserver, et il montre surtout que les retouches portent constamment au bon endroit. Il n'est pas nécessaire de dire que ces retouches présentent les caractères ci-dessus et qu'on y peut trouver tous les degrés entre la retouche typique, indiscutable, d'une hache de Chelles, par exemple, et la retouche minuscule dont on ne pourrait rien dire si l'on n'avait précisément sous les yeux des termes de comparaison. C'est sur la retouche qu'on a le plus discuté, on le sait, les adversaires des pierres-figures reconnaissant bien les éclatements, mais prétendant qu'ils sont naturels et résultent du choc de ces cailloux brassés et roulés. Il a été répondu, d'ailleurs, à cet argument, que les cailloux qui roulent s'arrondissent, prennent un poli et que les coups qu'ils peuvent recevoir les mâchurent bien plus qu'ils ne les éclatent[1]. Mais l'argument du choc tombe devant les pièces que vient de trouver M. Hervé. Elles présentent, en effet, cette importance toute particulière qu'elles ont été recueillies sur la place même où elles ont été taillées, non plus dans des alluvions quaternaires, mais dans un atelier paléolithique parfaitement daté, dans l'atelier chelléo-moustérien de Fontmaure, dans la Vienne. Aussi sont-elles de toute première fraîcheur. Ainsi disparaît cette grosse objection qui avait été adressée aux pierres-figures. La retouche des pièces non roulées de Fontmaure authentique la retouche identique des pièces du diluvium.

3° Certaines de ces retouches sont vraiment caractéristiques. C'est ainsi que, à l'œil par exemple, la retouche est souvent « en accent circonflexe », comme je propose de l'appeler. Deux coups, nettement donnés, ont produit deux plans se coupant à angle obtus. Cette disposition est très nette sur certaines pièces de MM. Thieullen[2], Dharvent, Hervé, Leroy, etc. (Pl. II, III, IV). Cette retouche se retrouve aussi sur la bouche (le « singe » de M. Dharvent; le chien de M. Bennett, par exemple).

4° Souvent l'homme n'a conservé que la partie du silex naturel qui était suffisante pour constituer l'ensemble à représenter. Les parties adventices, la superfétation, ont été impitoyablement sacri-

---

1. Une pièce m'a paru, à cet égard, aussi démonstrative que possible; c'est le masque humain de la collection Newton. Sur le nez, on voit le martelage naturel et sur les yeux les retouches intentionnelles : il est impossible de confondre ces deux effets.

2. Elle est notamment visible sur une tête dite de chameau, de la collection Thieullen (Planche II, fig. 1). On ne saurait trop insister sur ce point que c'est nous qui y voyons une tête de chameau, mais nous n'avons pas le droit de prétendre que l'artiste paléolithique y a vu un tel animal en compagnie duquel il ne vivait pas. La pierre (un grès, en l'espèce) présentait un prolongement en forme de museau ; l'homme l'a retouché pour en faire une œuvre zoomorphe: c'est tout ce qu'on en peut dire. Pour en finir, une bonne fois, avec cet argument que les artistes moustériens auraient dû reproduire les animaux avec lesquels ils vivaient, on peut dire que la pierre-figure étant, par définition même, et réserves faites pour certaines pièces rares entièrement façonnées par l'homme, une œuvre commencée par la nature, il devait leur être assez difficile de rencontrer des pierres présentant des trompes d'éléphant ou des cornes de rhinocéros. On oublie trop, d'ailleurs, que le cheval. l'ours et même le lion (coll. Dharvent) sont largement représentés, et qu'il est téméraire de vouloir mettre sur chaque pièce une étiquette trop précise.

fiées, et un coup vigoureux est venu retrancher dans le silex naturel toute la partie qui ne pouvait servir à l'effet voulu. De ce fait,
les exemples sont multiples, et l'on ne saurait soutenir que l'exé-
rèse est ici encore accidentelle, car sur les mêmes pièces on peut voir
des parties bien plus sensibles au choc, mais nécessaires à l'effet
voulu, qui ont été respectées.

Il y a là un ensemble si particulier qu'à la description seule on
peut se représenter une pierre-figure délibérément façonnée : les
éclats sont enlevés aux parties essentielles ; ils peuvent exister en
plus ou moins grand nombre suivant que le résultat souhaité a été
plus ou moins rapidement obtenu, mais lorsqu'on en voit un en
une place, on est sûr que l'on trouvera les autres aux points d'élection, et ces derniers, il faut le répéter, ne sont pas forcément ceux
qui étaient les plus exposés aux causes naturelles d'éclatement, si
tant est que celles-ci soient aussi évidentes qu'on se plaît à le pro-
clamer.

5° Il est bien rare de voir une pierre-figure sans retouches destinées à lui constituer une base, comme si le préhistorique avait
voulu que sa pierre pût, comme on dit, se tenir seule. Parfois, et
c'est là une particularité dont je dois la connaissance à M. Leroy,
il s'agit d'un relief dont la face postérieure a été aplanie avec soin.
Nous avons eu de ce fait, à l'exposition, des exemples nombreux
(coll. Newton, Dharvent, Capitan, Leroy).

6° Certains accidents du silex avaient pour Boucher de Perthes,
nous l'avons vu, une importance considérable : de ce nombre était
l'œil et nous rappelons sa phrase : « L'œil convenablement placé
est un signe certain de l'intention ; lorsque les deux yeux y sont, il
y a certitude, mais c'est rare. » Nous devons être, pourtant, plus
sévères que Boucher de Perthes, et exiger dans une pierre-figure
d'autres signes que la présence d'un œil. Nombreuses sont, en
effet, les pierres-figures naturelles qui le présentent plus ou moins
exactement, et il n'est pas douteux qu'en les recueillant sur la foi
de Boucher de Perthes, les palethnologues s'exposeraient à voir
mettre en doute les pièces qu'ils possèdent. C'est ce qui est déjà
arrivé, et il est bien difficile de démontrer qu'un seul éclat, même
portant à la place approximative de l'œil, est un fait voulu.

Cette question de l'œil dans les pierres-figures est celle qui m'a
paru la plus difficile à résoudre, d'autant plus qu'on trouve parfois
les deux yeux, et qu'il peut n'y avoir là qu'un phénomène naturel,
contrairement à ce que pensait Boucher de Perthes. Autour d'un

corps étranger allongé, par exemple, la silice s'est déposée et les extrémités de ce corps étranger, résorbé ou non, simulent parfois de la façon la plus complète les deux yeux : il peut même y avoir là des éclats accidentels qui en imposeraient facilement pour une retouche intentionnelle. C'est pour avoir vu des faits de ce genre que je suis resté indécis. Il faut dire, pourtant, que certaines séries telles que celles réunies par M. W. M. Newton (de Londres) sont vraiment impressionnantes. Le nombre de ces pièces où il n'y a guère qu'un œil accompagné ou non de quelques autres retouches, sur un rognon dont le profil est nettement zoomorphe, donne à réfléchir et, pour moi, la question de l'œil dans les pierres-figures reste en suspens. En examinant une pièce isolée (telle qu'une pièce fort intéressante à cet égard, qui appartient à l'École d'Anthropologie), on reste indécis, mais lorsqu'on a sous les yeux des séries comme celles de M. Newton, la conviction n'est pas loin de remplacer l'indécision du début. Il faut ajouter que, dans certains cas, la recherche de l'autre œil est évidente. Nous avons eu à l'exposition des pièces (coll. Leroy, Dharvent, Newton), dans lesquelles les deux yeux ont été cherchés, sans discussion possible, par le préhistorique. Une pièce typique à cet égard appartient à M. Dharvent (planche III, fig. 1 et 2).

La pièce si intéressante de Boucher de Perthes, la seule qu'on puisse, dans sa collection, considérer, en toute évidence, comme délibérément taillée en pierre-figure, ainsi que je l'ai dit, est précisément un fait qui se rattache à la question de l'œil. Celui-ci est représenté par une cavité naturelle et, tout autour et fort loin, l'homme est allé chercher les détails (planche III, fig. 3).

Sur cette pièce, le palethnologue le plus difficile ne pourrait nier les retouches ; il ne lui trouverait non plus le moindre usage. On pourrait penser que le nez devait servir de perçoir, mais il suffit de prendre la pièce en main, ainsi que je l'ai pu faire, grâce à l'obligeance du conservateur du musée, M. de Florival, pour se rendre compte que le fait est matériellement impossible. Je ne doute donc pas que ce ne soit cette pièce qu'avait en vue Boucher de Perthes lorsqu'il parlait de la valeur de l'œil et lorsqu'il disait qu'un tel accident naturel avait pu être le point de départ de retouches intentionnelles importantes.

7° Souvent, en effet, l'accident du silex (œil, saillie nasale, bouche) qui a été le point de départ de l'intervention humaine a été la cause d'un travail considérable : « L'homme a alors dessiné la tête de manière que l'œil préexistant se trouvât aussi bien que possible à sa place naturelle » (Boucher de Perthes). Il en est résulté, par suite, des figures moins bien venues que celles où la nature avait fait le plus gros de la besogne, mais comme elles présentent toutes les mêmes caractères primordiaux, il faut bien les admettre. Une remarque de Boucher de Perthes n'est pas sans valeur ; c'est dit-il, comme les sculpteurs de camées de Rome qui profitent d'une tache de leur pierre pour dessiner leur tête. Boucher de Perthes eût pu étendre son observation aux artistes de la Renaissance qui montaient des perles en bijoux : les irrégularités qu'elles présentaient étaient soigneusement étudiées, et elles guidaient l'artiste dans le choix du sujet. On obtenait ainsi, on le sait, des œuvres du plus curieux effet. C'est encore à de telles préoccupations qu'obéissent de nos jours certains fabricants de cannes qui obtiennent, en réservant et en accentuant des particularités d'une racine, par exemple, des pièces d'un aspect étrange et assez recherchées de la clientèle foraine.

*
* *

Il y a, en résumé, dans ces pierres-figures, une somme de caractères dont il importe de souligner l'importance. Il n'en est peut-être aucun que la nature ne puisse produire individuellement, mais la nature ne les réunit pas, de même qu'elle ne réunit jamais cette triade : plan de frappe, bulbe de percussion, éclats, qui caractérise la pièce intentionnelle et dont elle reproduit, pourtant, individuellement, chacun des éléments constituants. De même, donc, qu'on est autorisé à reconnaître comme intentionnellement taillée par l'homme, la pièce qui présente la triade classique, de même on est en droit de déclarer, voulue, taillée, délibérément confectionnée, la pièce qui se présente à l'observateur avec les caractères précités.

Jusqu'ici, nous n'avons envisagé que les rognons de silex auxquels un caprice du hasard avait donné une apparence zoomorphe ou anthropomorphe, apparence remarquée par l'homme et qu'il a délibérément accentuée. Mais voici des faits où l'homme est intervenu entièrement : ils portent la marque d'un travail voulu sans que la nature ait fait, pourrait-on dire, le premier pas.

Il n'est pas nécessaire d'insister sur leur importance. C'est absolument comparable à ce que les Égyptiens ont laissé dans les tombeaux de la IIe dynastie découverts par M. F. Petrie. Ils y ont déposé des pierres-figures sculptées de toute pièce et sans que la nature soit intervenue en quoi que ce soit pour guider leur main. Et ces pierres-figures, ils les ont déposées dans le mobilier funéraire de leur temps, en y ajoutant même des silex taillés bien antérieurement aux dynasties : de tels faits donnent à réfléchir.

Parmi ces pierres-figures ainsi façonnées de toute pièce par l'homme, se trouve, d'abord, une plaquette de silex trouvée dans le diluvium de Bailleval (Oise) par M. l'abbé Breuil. L'homme lui a entièrement donné la forme qu'elle présente : « L'homme a tout fait, la nature et les accidents n'y étant pour rien. Afin que l'intention ne pût être mise en doute, la pierre n'a reçu aucune forme d'instrument utilisable [1]. Cette pièce (coll. Capitan) représente une tête de sanglier [2] avec l'œil très travaillé et des contours nettement façonnés artificiellement ».

M. Capitan reconnaît la réalité de ces larges retouches, mais il pose la question de savoir si elles sont artistiques et non pas seulement industrielles : il se demande, en d'autres termes, si ces retouches ne peuvent s'expliquer par un emploi purement industriel, abstraction faite de toute idée artistique. Il est le plus souvent impossible, dit-il, de répondre à cette objection [3]. On peut cependant se convaincre qu'en l'espèce cette plaquette figurée en bas-relief n'a pu servir d'instrument de quelque type qu'on le suppose. Elle présente, en outre, les retailles aux lieux d'élection, museau, œil, oreille, cou, et il devient, dès lors, certain qu'elles sont artistiques.

Une autre pièce bien intéressante car, elle aussi, à peu près entièrement façonnée par l'homme, c'est le « singe » de M. Dharvent : mêmes retouches aux lieux d'élection artistique, œil, museau, oreille, cou ; mêmes caractères de la retouche en accent circonflexe (planche IV).

Il serait facile de citer d'autres pièces où la part de la nature est si minime, qu'autant vaudrait dire que l'homme y a tout fait.

Nous avons gardé pour la fin une pièce récemment trouvée à Fontmaure par M. Hervé : son importance est, en effet, considérable, on va le voir. C'est une tête (ours ou cheval, peu importe) en jaspe

---

1. Thieullen. *Bull. Soc. Anthrop.*, 1901, p. 180.

2. M. Capitan dit lévrier; un autre préhistorien a dit loup, ce qui prouve une fois de plus qu'une détermination trop précise ne signifie rien et peut exposer au reproche de voir des animaux qui n'existaient peut-être pas à l'époque.

3. *Revue Éc. Anthrop.*, 1903, p. 210.

bicolore de Fontmaure présentant, elle aussi, les retouches aux lieux d'élection artistique, museau, œil, oreille, cou et la retouche en accent circonflexe à l'œil (planche II, fig. 2). Elle est à l'abri des objections formulées contre les pierres-figures. En effet :

1° Elle est faite de toute pièce par l'homme, et la nature n'y est pour quoi que ce soit. Cette particularité lui est, d'ailleurs, commune avec les trois pièces précédentes.

2° Il n'est pas possible d'y voir un instrument, de type classé, du moins. Les trois pièces précédentes présentent aussi cette particularité.

3° Elle a été trouvée en place, dans un atelier acheuléo-moustérien, en compagnie d'autres pierres-figures.

Cette pièce manifestement travaillée par l'homme et trouvée en place permet d'accepter comme telles les autres pièces *absolument semblables* trouvées dans le diluvium.

Si l'on nous demande, maintenant, de résumer en quelques lignes cette discussion déjà bien longue, nous dirons qu'il faut faire un choix dans ce que l'on a appelé les pierres-figures ; qu'il y a des faits à rejeter sans hésitation possible, des faits à réserver pour nos successeurs (la question des profils), et des faits à retenir, les pierres-figures à retouches intentionnelles du type de la ronde bosse ou du relief.

Pour démontrer que ces dernières sont bien des essais de sculpture au quaternaire moyen (car nous n'avons pas le droit de remonter plus haut), nous avons fait valoir un certain nombre de preuves. Elles tiennent dans cette phrase : lorsqu'on voit sur des séries de pièces les mêmes retouches se reproduire de la même façon, en des points précis, il devient impossible de faire appel à une force aveugle et de nier l'intervention d'un être intelligent.

DES PIERRES-FIGURES
AU POINT DE VUE ETHNOGRAPHIQUE

Par M. le Dr **GEORGES HERVÉ**

I

Tous ceux qui ont suivi le mouvement préhistorique de ces dernières années savent ce que l'on désigne sous cette appellation de *pierres-figures*. Ils ont au moins entendu parler des généreux efforts du chercheur obstiné, de l'homme à la foi ardente qu'est M. Adrien Thieullen, pour rendre vie et autorité à une découverte ancienne de Boucher de Perthes : découverte tombée tout à la fois dans un injuste oubli, parce qu'on a fait contre elle, dès la première heure, la conspiration du silence, et dans un discrédit en partie mérité, vu les écarts d'imagination où s'était laissé entraîner son illustre auteur.

En 1857, dans le tome deuxième de ses *Antiquités celtiques et antédiluviennes*, Boucher de Perthes écrivait : « Parmi les silex ouvrés que m'ont fournis les bancs tertiaires, j'en ai vu beaucoup représentant des mammifères, des oiseaux, des poissons, des sauriens, où tout d'abord on remarque cet œil qui donne à chaque tête sa physionomie et aide à distinguer les espèces. Cependant, cet œil ou ces yeux, car l'ouvrier a voulu, dans certains cas, compléter son ouvrage, pourraient, s'ils ne s'offraient que rarement, être considérés comme de simples accidents ; mais c'est par centaines qu'on rencontre les figures qui en sont pourvues. Ces yeux sont faits en creux et entaillés dans le silex. Souvent l'ouvrier a profité d'une tache de la pierre, à peu près comme le font à Rome les sculpteurs de camées, et il a dessiné la tête de manière à ce que cet œil se trouvât aussi bien que possible à sa place naturelle... Ces images, dont j'ai réuni un grand nombre d'exemplaires, tous pourvus de leur œil, ne sont pas des modèles d'art. Souvent le travail y est presque nul : l'artiste a profité de la forme contournée de la pierre, sans s'inquiéter si elle rappelait bien exactement la figure qu'elle était chargée de représenter; mais cet œil, qu'on retrouve partout, ne laisse aucun doute sur l'intention[1]. » A ces imitations d'animaux, à ces images de pierre, Boucher de Perthes, le premier, a imposé le nom de pierres-figures.

Malheureusement pour sa découverte, au lieu de se borner à la constatation du fait, et de demander sans plus qu'on prît la peine de l'examiner, de le vérifier, il construisit immédiatement une théorie générale, et quelle théorie ! Il voyait là les éléments « d'une langue symbolique, probablement la plus ancienne de toutes celles de la terre ». — « Ce sont ces figures et ces signes, a-t-il dit, qui furent la première langue écrite, langue encore vivante, langue la mère de toutes les autres, et aujourd'hui dédaignée de tous, parce qu'elle est la plus simple, enfin la langue des *rébus*, principe des hiéroglyphes et de tous les alphabets[2]. » Dès lors, la cause était perdue : les adversaires *a priori* — il y en a toujours — avaient trop beau jeu ; ils ne daignèrent même pas discuter, et, profitant de la faute de Boucher de Perthes, ils rejetèrent observation et déductions, l'or et le plomb, sans examen, comme également chimériques. Il n'en fut plus parlé pendant quarante ans.

Depuis une quinzaine d'années, quelques préhistoriens, particulièrement MM. Thieullen, Dharvent et Leroy, ont vaillamment essayé, pièces en main, de réagir. Ils n'ont pas été plus heureux ; malgré leurs efforts, l'indifférence hostile n'a pas été vaincue, et leur voix, desservie d'ailleurs à côté d'eux par d'imprudents amis, s'est fait entendre dans le désert.

Traitée par certains, par la plupart même, avec un parti pris de négation ou un scepticisme ironique, dont auraient dû pourtant les préserver quelques mortifiantes et mémorables bévues, issues jadis du même esprit ; abordée par d'autres avec un mysticisme crédule, pauvre de critique et riche de visions saugrenues, cette question des pierres-figures doit au Dr Paul Raymond de voir enfin le jour de la discussion scientifique.

Le Dr Paul Raymond n'a pas reculé devant les difficultés et les ennuis d'une indispensable enquête. Ayant obtenu des divers pos-

---

1. *Antiquités celtiques*, pp. 137, 139.
2. *Des Outils de pierre*, 1865, p. 46.

sesseurs de pierres-figures qu'ils lui confiassent leurs spécimens, il s'est trouvé avoir par devers lui un stock — dirai-je trop considérable ? non, puisque là était la condition nécessaire de la sélection à opérer — d'images zoomorphiques... ou paraissant telles à leurs inventeurs. Dans cette masse hétéroclite, il a eu le courage de pratiquer les retranchements que n'eût pas su consentir la faiblesse paternelle des collectionneurs. Légion furent les victimes sacrifiées qui sont venues enfler le *caput mortuum* des pierres-figures imaginaires.

A côté, catégorie presque aussi nombreuse, s'est constitué le groupe des pièces réservées, auxquelles peut-être, ultérieurement, seront reconnus des caractères propres à les faire accepter, mais qui, pour l'instant, ne semblent pas offrir les signes distinctifs exigés des pièces appelées à faire foi.

Un dernier groupe enfin est resté, petit à la vérité, mais d'autant plus solide qu'il a été plus sévèrement trié et volontairement plus restreint, de spécimens démonstratifs, au nombre d'une quarantaine. Jeux de la nature retouchés, ou pierres entièrement sculptées par tailles et retailles, ces pierres-figures, offrant d'ailleurs toutes les garanties d'authenticité quant à leur provenance, n'ont été admises qu'après que, sur chacune d'elles, eût été relevé *un ensemble, une réunion de touches intentionnelles*, pratiquées en des points topiques, toujours les mêmes (surface basilaire, œil, oreille, naseaux, mufle). Il est évident qu'une telle réunion rend invraisemblable, quelques-uns penseront impossible, l'intervention du hasard ; et, pour certains échantillons, la similitude de formes répétées, presque superposables parfois, venant diminuer encore les probabilités d'accidents naturels, complète une démonstration dont on a le droit de dire, à cette heure, que les principes essentiels sont posés.

Tous ceux qui ont examiné sans parti pris, objectivement, ces spécimens à l'hôtel des Sociétés savantes, le samedi 6 février, ont pu se faire à leur endroit, sinon une conviction absolue et définitive (ce serait sans doute trop demander), du moins un commencement d'opinion raisonnée, ne permettant plus, en tout cas, le rejet systématique.

II

Au cours de la petite exposition organisée par le Dr Paul Raymond, et dont le succès lui est dû, il n'a été fait appel — il n'en pouvait être autrement — qu'à la démonstration directe, aux preuves tirées de l'examen même des objets sur lesquels il s'agissait de prononcer. La technique des pierres-figures a été seule examinée.

Mais, pour envisager de façon complète cette question, jetée maintenant dans le champ de la controverse, il est nécessaire, comme nous nous proposons de le montrer ici, de faire intervenir en outre certaines raisons extrinsèques, qui appuient par analogie les conclusions fondées sur l'examen objectif, et qui ont, de plus, ce très haut intérêt d'apporter une possibilité d'explication (*Verè scire est per causas scire*) du fait préhistorique. Il s'agit de l'argument ethnographique, argument d'une valeur considérable dans le cas qui nous occupe. Nombreuses, sont d'ores et déjà, les preuves de cette nature.

*
* *

Adoptant l'ordre le plus simple, qui est l'ordre géographique, nous trouvons, tout d'abord, à parler de l'Europe.

Un vieux livre du xviie siècle, rare et des plus curieux, l'*Histoire de la Laponie*[1], du Strasbourgeois Jean Scheffer, publié en 1673, et traduit du latin en français par le P. A. Lubin, provincial du couvent des Petits-Augustins de Paris, nous renseigne de façon très précise sur les mœurs, la manière de vivre, la religion, la magie, etc., des Lapons préchrétiens. Professeur à l'Université d'Upsal, et homme de grande érudition[2], Jean Scheffer (1621-1679) avait eu à sa disposition, pour composer son ouvrage, d'excellents mémoires et les actes authentiques des archives du royaume. Plusieurs conférences avec des Lapons, des entretiens avec leurs prêtres et avec leurs préfets ou intendants, lui avaient beaucoup appris ; et, enfin, il avait « pris la peine de visiter les cabinets des curieux, de dessiner lui-même les figures, et de faire un amas de tout ce qu'il a pu trouver de rare, afin de représenter toutes choses exactement et d'en écrire avec le plus de certitude » (*op. cit.*, Préface).

Or, voici ce que l'on peut lire au commencement du chapitre xxxiii (*Des Pierres, des Pierreries et des Perles*, p. 345) : « On

---

1. Lapponia, sive gentis regionisque Lapponum descriptio accurata cum figuris. Francfort, 1673, in-4.
2. Pierre Bayle, dans la notice qu'il consacre à Scheffer (*Dict. histor. et crit.*, édit. de 1720, p. 2545), l'appelle « l'un des plus sçavans hommes de son tems ».

voit un très grand nombre de pierres prodigieusement grandes en
Laponie, mais elles sont brutes, dures, nullement taillables, et on
ne peut point les façonner avec le marteau et les employer à aucun
ouvrage considérable. Elles sont presque toutes de couleur cendrée,
comme les rochers ont coutume d'être. Outre celles-là, il s'en trouve
quelquefois sur les bords des rivières et des lacs, qui représentent
en quelque manière la figure de certains animaux. Les Lapons en
font bien de l'état ; ils les dressent, les posent comme des divinités,
et les révèrent sous le nom de Stoorjunkare. » D'après Olaus Petri
Niurenius, ces pierres avaient une figure ayant quelque ressemblance avec un oiseau ; et Lundius, qui appuie cette opinion, dit
que les Lapons donnaient à cet oiseau le nom de *Sedde*. Toujours
est-il, écrit ailleurs Scheffer, qu' « ils admirent cette figure de
pierre, comme faite non par le hasard, ni par la nature, mais
par l'ordre particulier de Stoorjunkare, afin qu'elle lui soit
dédiée, et que sous cette figure de pierre il soit adoré. Ils donnent
à cette pierre le nom de *Kied Kic Jubmal*, c'est-à-dire dieu
de pierre » (*op. cit.*, p. 79). Le dessin d'une de ces pierres, que
représente l'auteur dans ses Additions (fig. 1, p. 378), d'après
un spécimen rapporté de la Marck de Torna, offre en effet une certaine apparence zoomorphique. Mais ce qui ne permet pas de douter
que de telles effigies rudimentaires, simples jeux de la nature sans
aucun travail de main d'homme, jouassent un rôle considérable
dans les croyances laponnes primitives, c'est encore ce que rapporte
Schéffer de la façon dont les jeunes Lapons s'y prenaient pour
faire réussir leur demande lorsqu'ils désiraient une fille en mariage :
« Ils emploient parfois, dit-il (p. 394), pour se faire aimer de leur
maîtresse, un sort ou philtre amoureux, qui est une petite pierre
ronde et plate semblable à une lentille, ou à une fève d'Inde, de
la couleur d'un vert brun, dont la figure a quelque rapport à celle
de la partie de l'homme ; et ils tiennent cette pierre en leur bouche
durant ces premières approches [1]. »

*
* *

Poussons maintenant jusqu'en Asie. Il y a longtemps que le
culte rendu par les tribus asiatiques septentrionales aux pierres,

---

1. Comme le rappelle le président de Brosses, n'y a-t-il pas eu de même,
parmi les pierres adorées chez les anciens, « quelques-unes de celles que les
physiciens appellent *Hystérolithes*, où la nature en les formant avait imprimé

surtout aux pierres les plus curieuses d'aspect, celles qui ont quelque ressemblance avec la forme humaine ou la forme animale, a été relevé. Tylor, dans son admirable ouvrage, *La Civilisation primitive*, a rappelé les recherches si étendues et si approfondies de Castrén sur l'origine et la nature de l'idolâtrie de ces tribus sibériennes. « Leurs idoles sont des objets grossiers qui consistent parfois en pierres ou en morceaux de bois ayant un aspect quelque peu humain...; les unes sont fort grandes, les autres ressemblent à de simples poupées ; elles appartiennent à des individus, à des familles ou à des tribus entières ; on les conserve dans les yourtes pour l'adoration particulière, ou on les place dans les bosquets sacrés, sur les steppes ou près des endroits de chasse ou de pêche sur lesquels elles exercent une influence ; quelquefois même on leur construit des temples : ordinairement on laisse tout nus les dieux qui restent en plein air, pour ne pas s'exposer à détériorer des vêtements, mais on revêt au contraire de fourrures coûteuses, de drap écarlate, de colliers et de bijoux, de ce que possèdent en un mot de plus précieux les Samoyèdes et les Ostiaks, les idoles qui sont à l'abri ; enfin, on fait aux idoles de riches offrandes de tout ce qui constitue la richesse des tribus nomades de la Sibérie. Or, il ne faudrait pas considérer ces idoles comme de simples symboles ou des portraits des divinités ; les adorateurs s'imaginent pour la plupart que la divinité demeure dans la statue ou qu'elle s'y est incarnée, si nous pouvons nous exprimer ainsi, et qu'en conséquence l'idole est devenue un dieu réel, capable d'assurer à l'homme la santé et le bonheur... Il se peut même que de nombreux esprits viennent habiter une seule statue, mais ces esprits s'éloignent ordinairement à la mort du shaman qui possédait la statue » (*op. cit.*, trad. franç., t. II, p. 231).

⁂

L'Amérique également apporte à la question des pierres-figures son contingent, très important, d'observations ethnographiques confirmatives.

une espèce de figure de bouche ou du sexe féminin ? Un savant moderne remarque que le célèbre bétyle appelé la Mère des dieux était de cette dernière espèce » (*Du culte des dieux fétiches*, p. 167).

M. Thieullen, le premier, a rappelé [1] le compte rendu donné autrefois par le journal *L'Homme* [2], de l'ouvrage de Frank Hamilton Cushing sur les Zuni Fetiches du Nouveau-Mexique [3]. Il y est dit que « les fétiches les plus estimés chez les Zunis sont les concrétions naturelles, les pierres ayant subi des érosions, et autres objets divers affectant naturellement une ressemblance plus ou moins grande avec certains animaux, ou bien encore des pièces de même nature chez lesquelles la ressemblance n'a été que légèrement augmentée par des moyens artificiels. A une autre classe, également très appréciée, appartiennent les fétiches sculptés avec soin, mais dont la patine et le poli dénotent la grande antiquité. Tels sont ceux qui ont été trouvés par les Zunis dans les *pueblos* habités par leurs ancêtres, ou ceux qui, fabriqués par des membres de la tribu, se transmettent depuis longtemps de génération en génération. On suppose que non seulement ces derniers, mais tous les vrais fétiches, sont des pétrifications des animaux qu'ils représentent ; ils conservent les forces vitales de ces animaux, et ils sont doués d'un pouvoir magique et religieux fort étendu. »

« A ces grossières statuettes les indigènes lient, avec de la ficelle, une pointe de flèche en silex. La flèche est sur le dos des statuettes humaines lorsqu'il s'agit de protéger le combattant contre une attaque imprévue. Elle est placée sous les pieds pour que les pas du guerrier soient effacés et ne trahissent pas sa piste... La pointe en silex jouit d'une très grande efficacité, car elle représente le trait de la foudre...

« Combien on se tromperait, on le voit, en supposant que ces statuettes d'hommes, d'ours, de carnassiers, d'oiseaux de proie, sont de simples produits des moments de distraction ou le résultat banal d'instincts artistiques. Bien loin de là, ces objets sont portés comme amulettes à la chasse, soit dans le couvre-chef, soit à la ceinture. Quand on poursuit l'élan, le cerf, l'antilope, il convient de posséder un fétiche figurant un grand carnassier, couguar ou loup ; la figurine d'un aigle suffit pour le petit gibier, les lapins, etc. Celle d'une musaraigne est employée par les Zunis pour protéger les céréales des souris et autres rongeurs [4]. »

---

1. Les pierres-figures à retouches intentionnelles, p. 20.
2. T. II, 1885, p. 403.
3. Report of the Bureau of Amer. Ethnol. to the Secretary of the Smithsonian Instit. Washington, 1880-81.
4. Cartailhac et Breuil, *La caverne d'Altamira*, p. 161.

Pour d'autres figurines de pierre zoomorphiques, recueillies en grand nombre sur le territoire des États-Unis, mais remontant aux temps précolombiens, force est de se borner à la constatation du fait. On trouvera, par exemple, dans le Bulletin III (1906) du département archéologique de la *Phillips Academy*, à Andover (Massachusetts), des représentations d'effigies d'animaux plus ou moins grossières, en pierre, argile ou coquillages, trouvées près Mesa (Arizona), dans la vallée du Salado, et provenant de vastes ruines bâties en *adobe* (terre cuite). Les nombreuses petites effigies en coquillages seraient caractéristiques de cette région des États-Unis ; et comme leur matière première implique le transport depuis le golfe de Californie, soit par le désert américain, soit, plus probablement, en suivant le cours du Colorado et du Salado, il est licite d'en conclure qu'elles possédaient une grande valeur aux yeux de leurs possesseurs.

Sur les côtes du Massachusetts et du Connecticut ont été trouvées des effigies lithiques [1] où se reconnaît plus ou moins facilement l'image rudimentaire de la baleine. Animal d'échouement et d'aubaine, fort difficile à poursuivre en haute mer avec les moyens dont disposent les sauvages, la baleine est pour eux une proie enviable ; aussi voyons-nous partout les tribus du littoral multiplier les ex-voto destinés à s'en assurer la capture.

Bien intéressantes sont, à cet égard, les observations publiées par L. de Cessac [2] sur des fétiches de pierre sculptés en forme d'animaux, découverts à l'île de San Nicolas (Californie). Ces fétiches sont dus à l'art tout à fait inférieur des Niminokotch. Ceux qui représentent des Cétacés, taillés en général dans une sorte de talc compact, reproduisent le caractère des grands mammifères marins d'une façon parfois assez exacte « pour permettre la détermination spécifique des animaux dont les formes sont reproduites » (*Orques, Balaena Sibboldii, Rachianectes glaucus*, etc.). Mais quelques-uns, comme telles de nos pierres-figures préhistoriques, passeraient certainement inaperçus d'un observateur inattentif, tant les marques intentionnelles y sont rares et peu visibles au premier aspect. A propos d'un petit morceau de pierre ollaire triangulaire, M. de Cessac écrivait : « Quand nous l'avons trouvé, nous étions loin de nous douter de sa signification. Rien ne pouvait, en effet, nous

1. *Op. cit.*, fig. 80, p. 163.
2. *Revue d'Ethnographie*, de Hamy, t. I, pp. 30-40 (pièces au Musée du Trocadéro).

amener à supposer que ce fragment fût le *schéma*, ou si l'on préfère, l'embryon d'une statuette de cétacé. Nous ajouterons même que lorsque nous recueillîmes, au voisinage du petit triangle, la serpentine que représente la figure n° 27, l'encoche que porte l'un des angles n'éveilla chez nous aucune idée d'attribution quelconque. » Or, « ce que nous considérions comme une insignifiante trouvaille, s'est trouvé représenter les premières ébauches d'un sculpteur californien. » M. de Cessac a trouvé aussi, à San Nicolas, quelques fétiches lithiques en forme d'oiseaux (fig. 42-44), d'une exécution rudimentaire ; et l'on sait, en effet, par les récits conservés chez les derniers survivants des tribus californiennes du sud, qu'outre les cétacés, divers oiseaux et plusieurs mammifères jouaient un rôle fort important dans la cosmogonie et l'ethnogénie locales.

La belle monographie qu'a donnée Edw. W. Nelson, en 1899, des Eskimaux de l'ouest ou de l'Alaska, a signalé chez eux l'usage de figurines analogues pour la pêche de la baleine. L'auteur représente entre autres (fig. 151, p. 439) une baleine franche sculptée, en graphite. Ce gros objet, pendu au bout d'une corde, est jeté en travers du cétacé mort, au voisinage de la queue ou des nageoires ; son poids l'entraîne vers le fond, du côté opposé aux pêcheurs qui le rattrapent par-dessous le corps de la baleine, à l'aide d'une gaffe, et s'en servent pour amarrer le cétacé[1].

Mentionnons encore ce que relate à ce sujet John Murdoch, naturaliste de l'expédition polaire internationale à Point-Barrow (Alaska), en 1881-83[2]. Il a vu les indigènes montrer une grande confiance dans les amulettes ou talismans ; ils les portent sur eux, les mettent dans leurs bateaux, ou les attachent à leurs armes. Nombre de figurines d'hommes et d'animaux sont trouées pour être portées suspendues. Chaque amulette semble avoir quelque vertu particulière, déterminée par la forme qu'elle représente. Ainsi la baleine de silex, qui est une amulette très commune, procure bonne chance dans la capture du cétacé ; beaucoup d'hommes et de jeunes garçons en portent sous leurs habits, suspendues autour du cou par une ficelle. L'auteur a pu acquérir plusieurs spécimens de ces talismans, de figure semblable, mais de dimensions et de matière

1. *The Eskimo about Bering Strait* (Eighteenth Ann. Report of the Bureau of Ethnol. Washington, 1899).

2. *Ethnological Results of the Point Barrow Expedition* (Ninth Ann. Report of the Bureau of Ethnol. Washington, 1892), p. 435, fig. 421, 422.

différentes : il y en a en verre, en quartz, en jaspe rouge foncé, en silex noir.

*
* *

Il était réservé à l'Océanie d'apporter à cet ensemble de faits déjà très significatifs la contribution la plus importante, venant d'une des moins élevées parmi ses populations.

En 1900, M. Jules Durand a publié dans le *Tour du Monde* (Nouv. Sér., 6ᵉ année, n° 43, 27 oct. 1900, pp. 508-510) des notes sur les Ouébias de la Nouvelle-Calédonie, d'où nous extrayons les lignes suivantes, dont il est superflu de faire ressortir la portée :

« Le sauvage, dans son ignorance, imagina de conjurer le sort, de consulter l'oracle dans les principales circonstances de la vie. Le hasard le mit en présence de pierres qui, par leur forme définie, se rapportaient à ses préoccupations, et il leur attacha certaines propriétés, une influence occulte. Il en fit des fétiches. Ces pierres étant assez rares, leurs vertus n'en furent que plus efficaces, et elles donnèrent un grand prestige à qui eut la chance d'en rencontrer. Les *pierres-fétiches* sont remarquables à plusieurs points de vue, et ce n'est pas fortuitement que l'indigène leur accorde confiance. Un simple examen révèle ce à quoi elles sont destinées.

« Au moment d'une pêche problématique, hasardeuse même, la pierre-fétiche est placée dans l'eau à l'avant des pirogues, et sa vertu est telle que le poisson sera infailliblement attiré dans les filets.

« L'indigène doit-il aller à la chasse aux pigeons cachés dans les bois ou aux canards méfiants sur les mares ? Il emporte encore son fétiche qui rappelle le canard, le pigeon. Il ne se contente même pas de la forme ; le fétiche a des nuances, une couleur qui le complètent.

« A-t-il besoin de soleil pour vivifier ses champs... ? Il placera dans la plantation trop humide un bloc merveilleux qui ne laisse aucun doute sur son intention. On y remarque des veinules quartzeuses rutilantes, qui partent d'une ligne d'horizon, montent en traits de feu dans l'espace, percent la nue de rayons ardents... Veut-il de la pluie ?.. Le fétiche est trouvé ; on le dépose sur le sol calciné, et une ondée rafraîchissante tombe, inclinée: telles sont les stries naturelles de la pierre qui imitent la pluie...

« Les pierres n'ont aucune portée, aucune influence spirituelle ;

elles n'agissent pas sur les âmes des ancêtres, n'ont de pouvoir que sur les choses de la terre, ne s'occupent que des besoins immédiats de l'indigène. Si les unes fournissent le temps favorable aux pirogues, la brise attendue, la marée abondante, le gibier à foison, d'autres activent la croissance de l'igname, principal aliment des Canaques, ou font mûrir les régimes sur les bananiers. »

Quoique ces notes, accompagnées de dessins qui les complètent, soient d'une absolue précision, on ne saurait, sur un tel sujet, s'entourer de trop de renseignements. Aussi nous félicitons-nous d'avoir obtenu de l'aimable obligeance d'un explorateur, dont les précieuses observations sur les gravures rupestres de la Nouvelle-Calédonie sont connues, M. Marius Archambault (qu'il nous permette de l'en remercier ici), un rapport inédit du plus vif intérêt sur la faculté singulière de saisir les ressemblances fortuites, qu'a développée chez les indigènes néo-calédoniens le recours constant aux fétiches lithiques.

Nous ne croirions pas être complet, si, dans cet essai sur les pierres-figures, nous ne disions un mot, enfin, des fameux *churingas* des indigènes de l'Australie centrale. Ces churingas sont ordinairement, mais non toujours, des pierres marquées de signes particuliers, au totem de l'esprit du nouveau-né, par conséquent de l'enfant lui-même. La tradition des Australiens Aruntas[1] est qu'au moment où l'esprit de l'enfant pénètre dans la mère, le churinga tombe sur terre. La femme indique l'endroit où elle suppose que l'esprit l'a pénétrée, et le père, avec un ou deux vieillards de la parenté, va sur les lieux chercher le churinga tombé. On le trouve ou on ne le trouve pas. Dans ce dernier cas, on en fabrique un en bois.

III

De ce long exposé, nous pouvons tirer maintenant les conclusions générales qu'il comporte.

Nul ne niera la très grande ressemblance, et ce n'est point assez dire, la remarquable uniformité des diverses observations qui viennent d'être relatées. Quelles que soient les modalités particulières du fait considéré, sous la variété de ses manifestations de

1. Baldwin Spencer et Gillen, *The native Tribes of Central Australia*, p. 132.

pays à pays, de tribu à tribu, une chose reste constante : c'est le rapport étroit qui lie toujours la pierre-figure à la magie, à la religion entendue au sens le plus large. Un phénomène de croyance, un acte de foi superstitieuse, ont partout, avons-nous vu, présidé à la genèse des pierres-figures. Leurs formes, leurs caractères, leurs propriétés et leurs vertus, découlent de ce même principe. Une telle loi, invariable et univoque, qui est vraie en ethnographie, ne s'appliquerait-elle pas également en préhistoire ?

Mais, objectera-t-on, comparaison n'est pas raison, une analogie n'est pas une preuve absolue ; et, si concordants que soient ici entre eux, matériellement et étiologiquement, les témoignages ethnographiques, est-il légitime d'en tirer des conclusions concernant des faits antérieurs de plusieurs milliers d'années ? Oui, répondrons-nous, oui, avec la plus grande vraisemblance, à supposer, cela va sans dire, que nous voyons bien, dans les pierres-figures, ce que les préhistoriques qui les ont conçues et fabriquées y ont vu eux-mêmes. Ceci est, avant tout, une question de critérium et de caractères. Si le critérium adopté est exact, pourquoi la justesse de nos déterminations serait-elle moindre pour les pierres-figures préhistoriques, que pour les pierres-figures créées par les non-civilisés contemporains, dont l'interprétation, nous le savons de science certaine, est entièrement d'accord avec la nôtre, au moins dans un fort grand nombre de cas ? Si, d'ailleurs, la vision des préhistoriques n'eût pas été identique à notre propre vision, comment expliquer que les retouches, que les tailles de leurs pierres-figures soient faites aux endroits précis où nous les ferions nous-mêmes ?

On le voit donc, l'argument ethnographique est des plus favorables à l'idée soutenue par les rares partisans des pierres-figures préhistoriques. Il apporte plus qu'une confirmation de leur thèse ; il ne l'appuie pas seulement, il la complète, et, *expliquant* le phénomène, il permet de rattacher à une formule générale très probable l'ensemble des observations présentées.

LE CRITÉRIUM DES PIERRES-FIGURES

Par M. **J. DHARVENT**

La collection dont j'ai eu l'honneur de présenter à cette exposition quelques échantillons, exactement 20 sur 200 dont elle se compose à l'heure actuelle, paraît être, si je ne m'abuse, la doyenne de toutes ses sœurs, car la première pièce en a été recueillie par moi dès l'année 1881.

Je ne m'attarderai pas à vous en décrire les différents articles, non plus qu'à vous raconter les railleries et les difficultés de toutes sortes qui accueillaient le collectionneur à une époque où le nom même de pierres-figures n'avait guère été prononcé.

Mais, en ma qualité de très ancien champion de la thèse des silex à représentation figurée, je voudrais résumer en quelques mots comment j'envisage cette très intéressante question.

A mon avis, le triomphe des pierres-figures devant la critique, leur acceptation définitive dans le domaine de l'archéologie préhistorique, dépendent exclusivement de la réunion constante des trois conditions suivantes :

1° Quelle que soit la configuration initiale d'un silex, porte-t-il des traces indiscutables de tailles, et ces tailles sont-elles intentionnelles, c'est-à-dire répondant au but précis d'affirmer un contour et de compléter une ressemblance ?

2° Ces retouches intentionnelles sont-elles de bon aloi, ou laissent-elles prise à l'erreur ou à la tromperie ?

3° La constitution géologique des lieux de fouille a-t-elle été scientifiquement déterminée ?

Comme on a pu en juger, les silex que j'ai mis sous vos yeux, quelle que soit leur forme initiale, offrent à première vue des tailles qui en ont modifié plus ou moins profondément les contours et les faces.

N'ayant jamais rien acheté, je n'ai éveillé autour de moi aucun appétit de lucre et n'ai point donné prise à la fraude. Ma collection est exclusivement composée de pièces recueillies par moi-même sur les lieux de fouilles. La patine qui les recouvre, plus ou moins accusée, suivant qu'elle oblitère un éclat naturel ou une taille postérieure, témoigne hautement de leur authenticité

Enfin, pour déterminer scientifiquement les caractères géologiques de mes fouilles, et affirmer qu'elles ont bien eu pour terrain les alluvions quaternaires caillouteuses du diluvium inférieur, j'ai fait appel à M. Ladrière, l'éminent géologue qui a publié une très remarquable étude du quaternaire du nord de la France. C'est lui-même qui a déterminé la stratigraphie détaillée de chacun de mes terrains de fouilles, comme on a pu s'en rendre compte dans ma brochure intitulée : *Premiers essais de sculpture de l'homme préhistorique* [1].

C'est donc avec la pleine conscience de m'être constamment inspiré de ces trois conditions dans la récolte de mes silex à représentation figurée, que j'en ai présenté à votre appréciation éclairée et impartiale quelques-uns des meilleurs éléments.

*
* *

La collection de M. Dharvent est celle qui présente, en effet, les pièces les plus démonstratives. A propos de l'une d'elles, le singe, nous croyons utile de rappeler la description qu'en donne M. Dharvent [2].

« La nature, cette fois, n'a guère préparé la matière et contredit sans scrupule ceux qui lui attribuent si généreusement les représentations où nous voulons reconnaître la main de l'homme. Peut-on soutenir sérieusement qu'un profil de singe existait en puissance dans le caillou triangulaire qui nous apparaît ici, encore revêtu de sa primitive écorce? Peut-on attribuer à des heurts naturels ce museau caractéristique dont les lèvres et le mufle se dessinent si régulièrement, cet œil ouvert à la place exacte où se rencontrent habituellement les yeux, cette oreille mathématiquement repérée, cet arrondissement du front et de la calotte crânienne, cet amortissement de l'occiput, cet écrêtement rationnel du cou? Enfin, est-ce encore à des heurts naturels que sont dus les essais de taille, absolument symétriques, quoique moins heureux de ressemblance, qui s'observent sur l'autre face de cet intéressant silex [3] ?

Nier ici l'œuvre de l'homme équivaudrait à nier l'évidence. »

1. Rouen, J. Lecerf, 1902, 8°, pl.
2. *Loc. cit.* Post-scriptum.
3. Il y a là une particularité qui mérite d'être signalée : sur certaines pierres-figures, en effet, les retouches existent sur les deux faces. Sur la tête humaine de Boucher de Perthes, M. Commont nous faisait remarquer qu'on peut voir au revers un profil un peu différent de celui du droit de la pièce. P. R.

NOTRE EXPOSITION DE PIERRES-FIGURES

Il ne m'appartient pas d'apprécier ici le succès qu'a pu obtenir notre exposition, ni les résultats qu'il est permis d'en espérer. Quant à la conférence, l'amitié des uns, l'urbanité des autres ont su masquer les épines sous les roses. Il me paraît, toutefois, que la question a fait un pas en avant, que des hésitants se sont ralliés à la cause des pierres-figures, et que des adversaires irréconciliables se sont décidés à examiner la question de plus près, je dirai même avec moins d'hostilité. La question me paraît, aussi, bien posée aujourd'hui : nous savons sur quels faits il faut discuter ; nous nous entendons sur les faits à éliminer, sur les faits à réserver pour l'avenir, sur les faits à retenir pour le moment. Ce sont là des résultats appréciables. Nous les devons à tous ceux qui m'ont aidé dans ma tâche, et je ne saurais trop les remercier. MM. Thieullen, G. Hervé, Capitan, Leroy, Durdan, Peslerbe, de Givenchy, de Paris ; Dharvent, de Béthune ; Delaunay, d'Etrépagny ; F. Pérot, de Moulins ; G. Rouxel, de Cherbourg ; Peyrony, des Eyzies ; Bourrinet, de Teyjat ; M. W. Newton, de Londres ; Bennett, de West Malling ; Fancourt, de Stowmarket ; Underword d'Ipswich ; Patiri, de Termini Imerese, etc., ont répondu à mon appel avec un empressement dont je leur suis profondément reconnaissant. Ils n'ont pas hésité à m'envoyer les séries les plus intéressantes ou les plus instructives de leurs collections, donnant ainsi, pour une tentative unique en son genre, un exemple qui mérite d'être signalé : à eux revient la meilleure part de la journée, et il n'est que juste qu'ils soient aujourd'hui à l'honneur, après avoir été à la peine.

MACON. PROTAT FRÈRES, IMPRIMEURS.

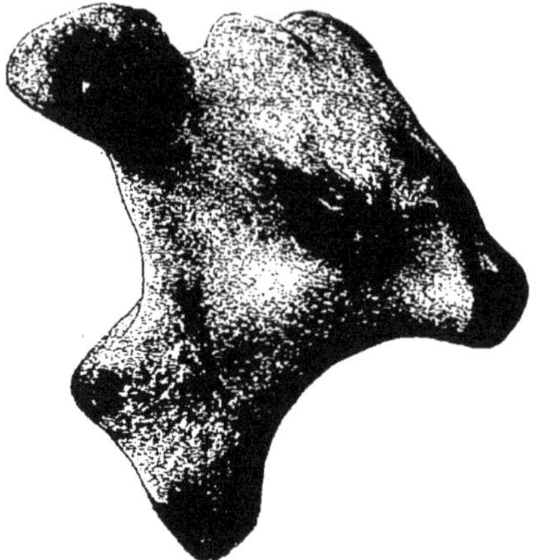

Tête dite de chevreuil (coll. Thieullen) avec retouches aux lieux d'élection.
Diluvium des basses terrasses, rue Miollis, à Paris.

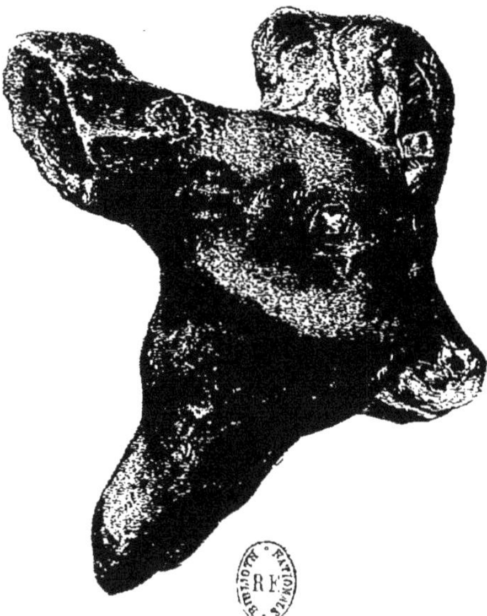

Tête dite de chevreuil (coll. Thieullen) avec retouches aux lieux d'élection.
Diluvium des basses terrasses, rue Lecourbe, à Paris.

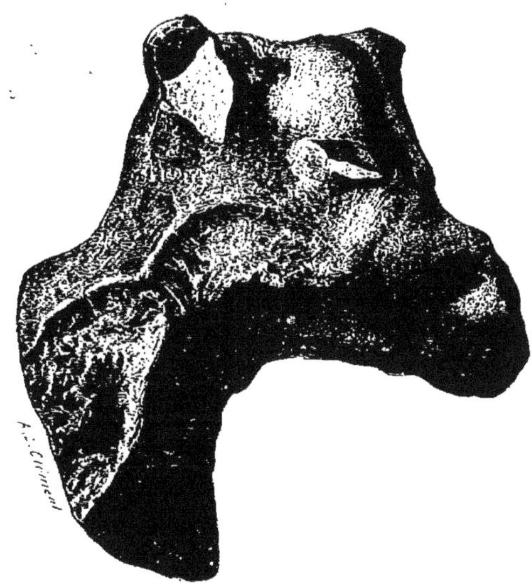

Tête dite de chameau (coll. Thieullen) avec retouches aux lieux d'élection;
l'œil en accent circonflexe.
Diluvium des basses terrasses, rue Miollis, à Paris.

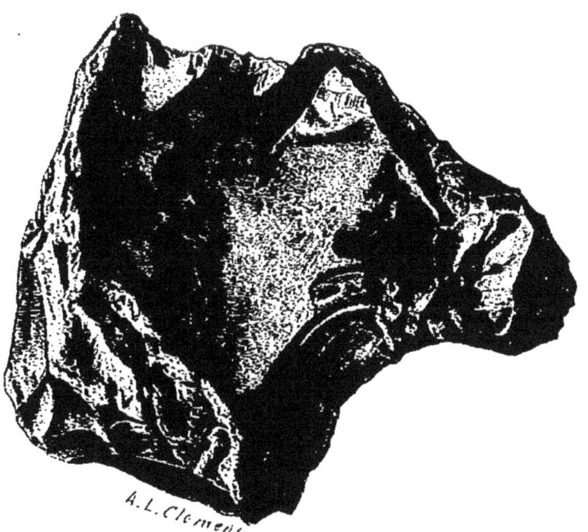

Tête d'équidé (?) (coll. G. Hervé) avec retouches aux lieux d'élection;
l'œil en accent circonflexe.
Atelier acheuléo-moustérien de Fontmaure (Vienne).

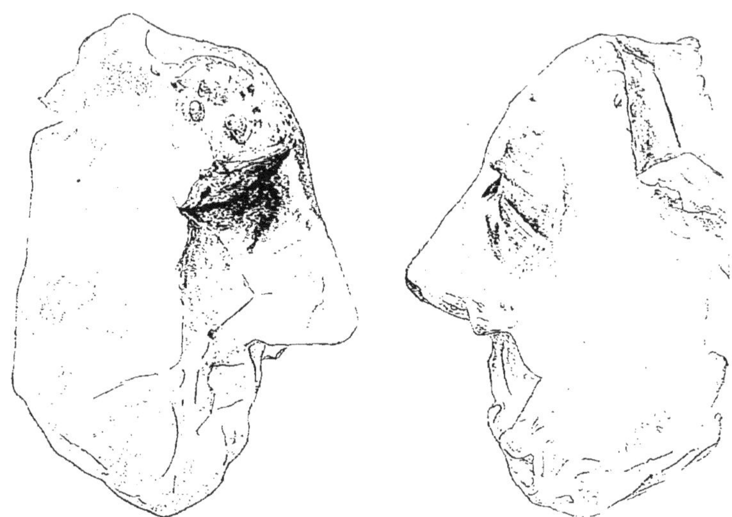

Tête humaine (coll. Dharvent). Reproduction des deux faces pour montrer les retouches des yeux.
Sur le premier profil, œil en accent circonflexe.
Diluvium de Vendin-lès-Béthune (Pas-de-Calais).

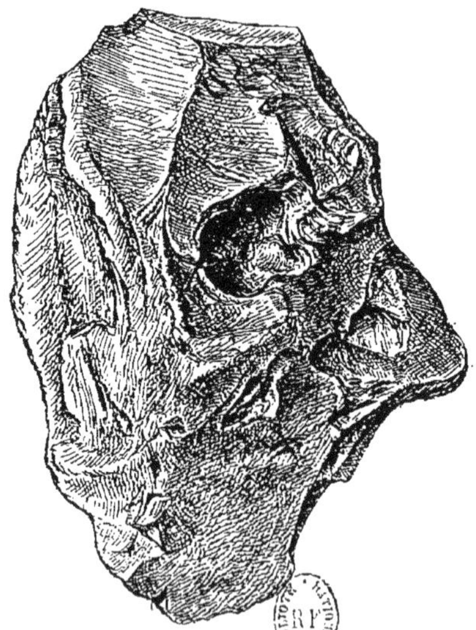

Tête humaine (musée Boucher de Perthes à Abbeville) trouvée en 1844 à Abbeville,
par Boucher de Perthes.
Diluvium de la Somme (dessin Commont).

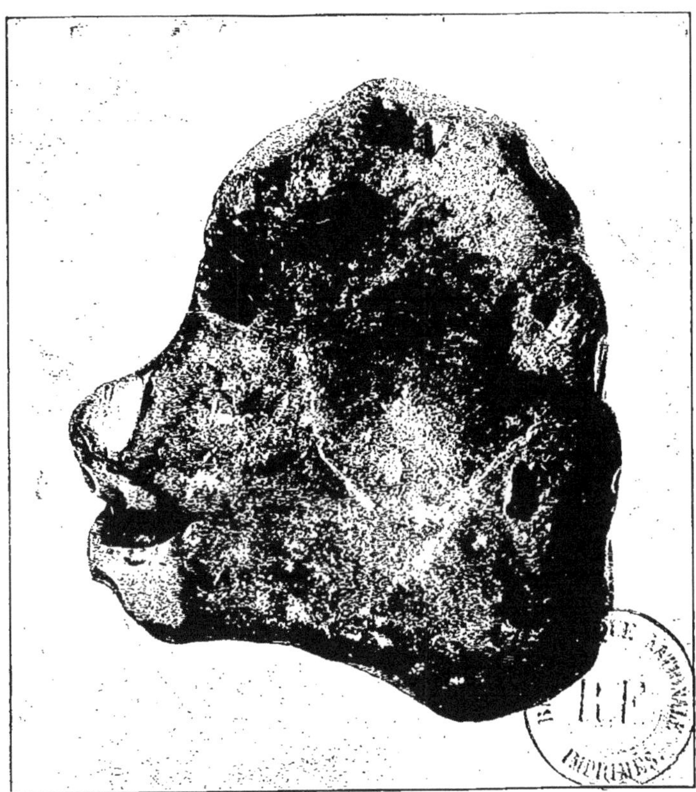

Tête dite de singe coll. Dharvent avec retouches aux lieux d'élection ; l'œil en accent circonflexe.
Diluvium de Gosnay-lès-Béthune (Pas-de-Calais .

MÂCON, PROTAT FRÈRES, IMPRIMEURS.